世纪波
Century Wave

从职场精英到管理干将（第2版）

李家强 著

電子工業出版社
Publishing House of Electronics Industry
北京 • BEIJING

图书在版编目（CIP）数据

从职场精英到管理干将 / 李家强著. —2 版. —北京：电子工业出版社，2020.3

ISBN 978-7-121-38374-8

Ⅰ. ①从… Ⅱ. ①李… Ⅲ. ①企业管理 Ⅳ.①F272

中国版本图书馆 CIP 数据核字（2020）第 021965 号

责任编辑：晋　晶
文字编辑：袁桂春
特约编辑：田学清
印　　刷：三河市君旺印务有限公司
装　　订：三河市君旺印务有限公司
出版发行：电子工业出版社
　　　　　北京市海淀区万寿路 173 信箱　　邮编 100036
开　　本：720×1000　1/16　　印张：13.5　　字数：200 千字
版　　次：2016 年 4 月第 1 版
　　　　　2020 年 3 月第 2 版
印　　次：2020 年 3 月第 1 次印刷
定　　价：58.00 元

凡所购买电子工业出版社图书有缺损问题，请向购买书店调换。若书店售缺，请与本社发行部联系。联系及邮购电话：（010）88254888，88258888。

质量投诉请发邮件至 zlts@phei.com.cn，盗版侵权举报请发邮件至 dbqq@phei.com.cn。

本书咨询联系方式：（010）88254199，sjb@phei.com.cn。

前　言

此书可以说是《从职场新人到职场精英》一书的姊妹篇，其内容反映了一个职场人由员工成长为管理者的能力发展轨迹。

职场精英，不论其是带有头衔的正式管理者，还是临时承担项目或任务的负责人角色，只要带领团队，他就需要具备领导力。而领导力包括管人、管事、管自己 3 个方面，这是全球优秀企业对领导力的共识。职场精英要成为管理干将，必须培养与这 3 个方面领导力相关的功夫（见表 0-1）。

表 0-1　管理干将具备的领导力和需要身怀的功夫

管理干将具备的领导力	管理干将需要身怀的功夫
1．管人	功夫三：高效团队建设 功夫五：绩效沟通 功夫六：教练式辅导 功夫七：员工激励 功夫八：授权
2．管事	功夫二：战略性思考 功夫四：执行力 功夫九：变革管理 功夫十：创新管理
3．管自己	功夫一：管理与领导力
……	……

以上归纳的这些管理干将具备的领导力和需要身怀的功夫，是我近 30 年职业经历和为通信、信息技术、互联网、软件、半导体、航空、航天、能源、矿产、电力、基础设施、农业、化工、医疗、制药、汽车、地产、机械制造、工业材料、家电、食品、日用消费品、金融、保险、邮政、贸易、物流、美容、时尚、服装、奢侈品、旅游、酒店、餐饮、教育、咨询、出版、印刷、环保、传媒、广告等 50 多个细分行业的数百家不同性质、不同规模的中外企业提供管理咨询、培训或教练服务的经验总结，也是本书的关注点和内容。

我曾在政府机构、国企、外企任职，并在国外学习、生活和工作多年，这些经历让我对职业发展拥有了深刻的体会。同时，为各种企业提供咨询、培训或教练服务的过程又让我获得了研究管理干将的广泛视角。我发现，这 10 门功夫是世界 500 强企业在领导力方面对管理者最普遍、最常规的培训课题——从一个侧面体现出，这 10 门功夫也是优秀企业普遍接受的经理人职业化的重要标准。

祝你成功！与你共勉！

李家强

目录

功夫一　管理与领导力　/ 1

功夫二　战略性思考　/ 28

功夫三　高效团队建设　/ 44

功夫四　执行力　/ 61

功夫五　绩效沟通　/ 73

功夫六　教练式辅导　/ 101

功夫七　员工激励　/ 130

功夫八　授权　/144

功夫九　变革管理　/ 155

功夫十　创新管理　/ 179

功夫一

管理与领导力

管理与领导力这两个概念是职场人承担管理角色后首先要弄清楚的问题，因为它将直接关系到你所带领的团队的成效。

本门功夫的要领

- 管理与领导力的区别和关系
- 领导力为何重要
- 领导力的 3 个特征
- 领导力的 3 个方面——管人、管事、管自己
- 不同层级领导的业绩和领导力要求
- 中国员工看重的领导力

管理与领导力的区别和关系

“管理”与“领导力”的定义

认识某个概念的本质的一个重要方法是了解其词源。“管理”的词源为拉丁语的“手”，所以管理的本质是掌管、控制和执行。“领导”的词源来自英国、挪威这些传统的航海和渔业国家，意为“海上的航道”，可见，领导的本质是要有“方向”。在我的领导力培训中，即使女性学员，也几乎没人反对，从总体上来讲，男性的方向感比女性要强。环顾课堂和反观现实，你想过绝大多数情况下男性领导人更多可能是与人的方向感有关吗？

我问过不少年轻的职场人他们愿意和什么样的领导一起共事，一个普遍且有趣的回答是：“活得明白的领导。”——领导首先要有明确的人生方向。

法国企业家亨利·法约尔（Henri Fayol，1841—1925）所著《工业

管理和一般管理》一书中提出，管理即计划、组织、指挥、协调、控制 5 项活动。显然，这 5 项管理活动关注的是工作或任务的执行与完成。法约尔的这个“管理”定义，对全球的各类组织影响深远。

彼得·德鲁克（Peter Drucker，1909—2005）在其著作《管理：任务、责任、实践》中对“管理”的定义：“管理就是界定企业的使命，并激励和组织人力资源去实现这个使命。界定使命是企业家的任务，而激励与组织人力资源是领导力的范畴，二者的结合就是管理。”这个定义引出我们对管理与领导力区别和关系的思考。德鲁克这里所说的管理，是指广义的管理，领导力也包含其中。也就是说，领导力必须是为实现企业的管理目标而服务的。

彼得·德鲁克提出的管理的 5 项工作包括确定目标、组织分工、激励与沟通、绩效评估和人员发展。

从亨利·法约尔管理的 5 项活动到彼得·德鲁克管理的 5 项工作，我们可以看出，管理的趋势是从以“事”为中心逐渐转向以“人”为本，人、事平衡。

以事为中心，就是任何工作都以责任、绩效、结果为导向，忽视员工的思想、情绪、需求和期望，与员工沟通时和日常管理中，更多注重任务、数字、指标是否达成。以人为本，则是在分配工作时，充分考虑员工的意愿、适合和胜任程度，尽力做到人职匹配，人尽其才；日常管理中，更多关注员工的态度与情绪，沟通时注重思想交流，了解其人生及职业发展目标，用激励、授权、教练等领导力方式，推动员工绩效和职业发展目标的达成，从而实现人、事的平衡。

自从 20 世纪 60 年代领导力成为一门管理学科之后，领导力的研究和实践受到包括政府、企业等各类组织越来越多的重视，有关领导力的代表性论著和论述如表 1-1 所示。

表 1-1　有关领导力的代表性论著和论述

代表人物	论　著	论　述
沃伦・本尼斯（Warren Bennis，1925—2014）	《领导者》	领导者应共同具备的 4 项能力：自我管理、赢得信任、把握含义、引导注意力
约翰・加德纳（John W. Gardner，1912—2002）	《论领导力》	领导力是领导者个人（或领导团队）为实现领导者自己及其追随者的共同目标，而通过说服或榜样作用激励某个群体的过程；对整个企业的发展方向有清醒的认识，是最佳领导力的核心和根本所在
詹姆斯・M. 库泽斯，巴里・Z. 波斯纳（James M. Kouzes，Barry Z. Posner)	《领导力》	领导力是一种影响别人的艺术。领导者应具备以身作则、共启愿景、挑战现状、使众人行、激励人心 5 项行为
罗布・戈菲，加雷思・琼斯（Rob Goffee，Gareth Jones）	《你凭什么领导别人》	领导力的目的是激励他人实现超凡业绩。追随者必须从领导者那里获得归属感、真我感、价值感和振奋感 4 种感觉
杰克・韦尔奇（Jack Welch）	—	伟大、一流的领导人，是非常伟大的教练。同时，领导者还应具备活力、鼓动力、魄力、执行力和激情 5 种素质

以上这些代表性论著或论述虽在谈及领导力时都提到了领导人、领导者，但我们一定要明确的是，领导力绝不等同于领导职位或职权。也就是说，有领导职位或职权的人并不一定具有领导力，而具有领导力的人并不一定有领导职位或职权。

领导力不是一种权力，而是一种能力。领导力是影响他人自发实现目标的能力。在团队组织中，领导力体现为影响团队成员实现共同目标的能力。这种能力不应该只是某个领导者的能力，而应是管理团队共有的能力。这样，组织的健康和发展才会持久，才能不因某个领导者的离开而受到负面的影响。

领导力与领导者密不可分，但必须明确二者之间的区别。当领导是个人的事，但领导力对于企业来说是一种组织能力，是领导团队共同的事，是关系企业文化和发展的大事！这是全球各类优秀组织在实践中对领导力的共识。

领导力的最高境界是影响他人能够自发地去实现目标，也就是老子所说的“无为而治”！杰克·韦尔奇提出的教练式领导，便是帮助达到此境界的领导方式。

领导力作为组织能力，体现为领导力品牌。通俗地讲，领导力品牌就是组织的各级领导希望对内、对外树立什么样的形象，共有哪些最为核心的领导力素质，以同竞争对手和其他组织区别开来，使组织能够持续拥有独特竞争优势。领导力品牌同企业的文化和核心价值观密切相关。IBM 要树立服务客户的“蓝色巨人”形象，那么其领导力品牌的一个重要因素便是“服务”，服务也就成了 IBM 各级领导通用的素质要求；苹果公司是“创新”“追求完美”精神的象征，那么这两个特征也便成了苹果公司的领导力品牌，以及该公司各层级领导通用的素质要求；通用电气公司以变革著称，那么“变革”就是该公司一个突出的领导力品牌和各层级领导的通用素质要求。

在组织中，首先要求带团队的人，不管你处在哪个层级，都应该具备领导力。也就是说，你光有管理的头衔、职位、职权并不能确保你能带好团队，你还需要具备领导力。尽管领导和领导力不同，但我们在组织中讲领导力时，领导和领导力无法分开，因为处于领导或管理职位，有领导权力的人是领导力培养的首要对象。

中国传统文化对管理和领导力的认知

中国古文中很难找到“管理”“领导”这样的词语，但我们可以找到相对应的字眼。管理和领导，既可以做名词，也可以做动词。

《论语》中说：“政者，正也。”“其身正，不令而行；其身不正，虽令不从。”其中，“政”是指当政的领导/管理者，“正”则是正直的意思，即品行端正、敢于坚持正道和信念。同时，这里的“正”还可以引申为“方向正确”。领导/管理者如果正直且方向正确，不用向追随者发号施令，追随者都会跟随前行；如果不正直，方向不正确，再怎么命令，追随者也不会听从。大千世界，当领导的很多，但领导/管理者能拥有并持续保持正直、方向正确这样的领导力相当难得！

《道德经》中那句“治大国若烹小鲜”中的“治”，是动词的“领导”或“管理”。这句话至少包含两层含义。

- 领导/管理好一个国家，就像烹制一道用小鱼做的菜，看起来不那么难，但要做好也不那么容易。原因在于，你要把鱼做熟，就必须把鱼的两侧上下翻动，而在翻动时，就有可能把鱼翻烂，失去了小鱼的完整性。这说明，领导/管理者必须善于变革和创新，与时俱进，但一定不能瞎折腾，要把握好变革和稳定之间的关系和度（变革和创新管理的相关内容见本书功夫九和功夫十）。
- 领导/管理好一个国家，也不一定那么难，关键是要把握好“度”，找到规律。

有意思的是，名词的“政”和动词的“治”两字的结合，似乎在提醒我们，你要想当领导/管理者，必须具备政治水平和能力。

什么是政治？一提起政治，人们往往就会联想到权力斗争。确实，政治这一概念虽有很多不同的解释，但其最普遍的含义是利用手中的权力影响社会关系，也就是人和人之间的关系，从而达到某种目的。若用权力正直、正当、正确地为多数人谋福利，那就是好的政治；若用权力不正直、不正当、不正确地为某些人甚至个人牟利，那就很可能是腐败。

在组织内，人们把“政治”通俗地比喻为“同谁站队”。切记，“政治”与“正直”谐音，所以，与正直的领导/管理者一起站队才是明智之举！对于企业来说，政治水平高的领导/管理者，能够通过整合、调动好各方面资源，协调、处理好员工之间和与企业各方利益相关者之间的关系，帮助企业顺畅发展。马云就是企业领导者中的政治高手。

领导者都是有权力的，如何使用好自己手中的权力，也是追随者评判一个领导者能力的重要标准。

管理与领导力的区别

从企业实践的角度来说，管理的目的是把事做对，侧重实现目标的过程和结果，体现为组织架构、方针政策、规章制度、流程程序、激励机制等管理手段，适合能够统一化、标准化的工作环节，以避免能够预见的普遍问题发生。例如，稻盛和夫的阿米巴经营法就是一种管理机制。管理需要的是执行者。

领导力的目的是做对的事，侧重目标的正确性以及为实现目标的人心所向，关注人、感觉和情绪的变化，主要体现为沟通、培养人和激励人的能力，适合管理手段不能完全解决的问题，以确保员工敬业，如员工工作的积极性、团队精神、合作意识、责任感、信任度、职业和个人发展这些关乎人心的方面。员工的绩效水平可以用管理手段去考核评估，但他对工作的态度必须通过领导力才能深入了解和改变。员工的职业生涯规划可以用管理手段规范和实施，但他对自己职业发展的重视和信心却需要通过领导力才能得到确认。领导力需要的是追随者。

我常用以下实例说明管理和领导力的区别。很多人都有在机场下了飞机后打出租车的经历。为了维护排队秩序，一个常规设置便是蜿蜒的几排栅栏。这些栅栏显然是管理手段。这一管理手段好不好？答案并非好或不好那么简单。乘客多时，当然好，既限制了那些爱加塞插队的人不守规矩的行为，守规矩的人也会觉得这是有效措施，不会对这些栅栏产生反感。如果乘客很多却无任何管理手段，就很可能要靠出租车引导员的“领导力”去维持秩序，费力还不一定讨好。如果排队的人很少，还得在栅栏里绕来绕去，栅栏这个管理手段和出租车引导员的领导力都会遭到乘客的吐槽，明显的疑问是，为什么不能把栅栏的入口开得离乘客上车口近一点？

所以，管理手段什么时候有效？

- 人多、规模大的时候。越大的企业，管理越需要完善。但一定要清醒地认识到，管理不是越完善、越精细就一定越好，否则可能成为员工不创新、不主动、不作为的借口。就如我看到过的，即使排队的乘客只有五六个，三四个出租车引导员在前面开心地聊天，任由乘客在几排栅栏中来回穿行，也不会灵活地把栅栏提前开个口。难道你不也时常听到“这是我们公司规定”这样的托词吗？
- 自觉、优秀的员工不反感的时候。不守规矩的人反感管理手段是很自然的事，可当多数优秀员工也对某项管理手段不满时，很可能就是企业需要领导力发生和管理变革的时机。许多公司管理出现僵化、缺乏创新，最后导致危机，都是因为没有重视和正视这样的时机造成的。如果员工都很自觉，且团队规模较小时，还用“几排栅栏”这样烦琐的管理手段，不是很显多余和僵化吗？

某些企业的培训纪律（显然是管理手段）中规定，上课时学员须上交手机统一管理，一方面为确保精力集中，另一方面也显示出对讲师的尊重。每当我遇到这种情况，我都会问学员：“大家喜欢这个规定吗？”学员笑着不置可否。我接着会说：“公司大了，有纪律、有规定是必要的。开大会时严守纪律也非常必要。那咱们这次培训是大会吗？如果咱们这二三十人的课堂，彼此谁都能看到谁，而且大家又都是公司的优秀骨干，还要用这样的管理手段，是不是我这个讲师也太缺乏领导力了？”学员们听后一边笑一边给我鼓掌。此时我会补充道：“上我的课，我尊重大家的选择，你可以继续把手机放在那个统一管理的架子上，也可以自己保管，因为我一直主张客户和家人比我的课更重要，万一他们有需要及时沟通的事，我可不希望耽误大家。”你能体会学员听到我这番话的感受吗？你领会到管理与领导力的区别了吗？

练习 1-1

区分哪些是管理手段，哪些是领导力手段？

1．组织架构	2．员工守则	3．绩效沟通	4．战略规划
5．领导以身作则	6．操作流程	7．口头表扬	8．工作授权
9．奖惩措施	10．能力辅导	11．项目章程	12．同理心倾听
13．与员工谈心	14．公司年会	15．绩效合约	16．员工激励
17．岗位说明	18．员工满意度调查	19．保密合同	20．家访员工
21．企业文化建设		22．领导动员讲话	

（参考答案见本章结尾）

管理与领导力的区别如表 1-2 所示。

表 1-2　管理与领导力的区别

	管　理	领　导　力
目的	把事做对	做对的事
侧重	过程和结果	方向和人心
体现	组织架构、方针政策、规章制度、流程程序、激励机制等管理手段	沟通、培养人和激励人的能力
适合	能够统一化、标准化的工作环节，避免能够预见的问题发生	管理手段不能完全解决的问题，确保员工敬业
需要	执行者	追随者

管理与领导力的关系

一个企业创业时肯定是领导力为先，即先有创始人的方向和战略。紧接着组织架构、专业分工、制度流程等管理机制必须跟上，以确保企业目标和战略的实现。

能够通过管理手段解决的问题就尽量不要用领导力去解决，尤其是企业规模扩大以后，否则就会出现依赖管理者个人的聪明才智和人格魅力管理企业的倾向，也就是我们常说的“人治”的局面。

然而，管理手段不可能解决一切问题，尤其是人心。适合“80后”员工的管理机制，不一定适合“90后”员工。管理手段是为企业的战略和文化服务的，而战略和文化需要随着时代和市场的变化做出相应调整。瞬息万变的市场环境不可能让管理手段一劳永逸，这样，领导力就必须发挥作用。

领导力解决的是管理手段当前不能解决的问题。对于善于学习、注重长期发展的企业来说，用领导力解决的问题到了一定程度就可能转化为管理机制，成为管理手段。例如，过去重大事项或工作的部署和落实，靠的是口头的传达和沟通协调，这就需要依赖管理者的领导力以及项目成员的沟通水平。如果现在发现这样的工作方式不足以保证执行到位，企业就应该立即建立正式的项目流程和沟通机制，甚至设定标准的沟通模板，以确保重大工作的圆满完成。再如，过去的顾客投诉处理依赖服务人员自身的服务水平，当发现这样的方式不能保证顾客满意度时，企业就应立即建立和完善顾客投诉处理机制。

因此，优秀的企业会随时保持警惕，处理好领导力与管理之间的关系，毫不懈怠地将能够用管理手段解决的问题及时转化为管理机制。从管理角度来说，企业的发展和成熟其实就是领导力与管理相互促进螺旋式上升的过程（见图1-1）。

图 1-1　管理与领导力的关系

图 1-1 带给我们的重要启示还有，对于已经营的企业，一旦出现问题，首先应从管理机制是否需要改善入手，然后再从领导力角度看领导者应做出哪些改变。管理机制的完善可以解决普遍性的问题，领导者领导力的提升，可以解决不一定普遍的个别问题。例如，优秀员工离职，如果呈现普遍趋势，那一定是管理、激励机制出现了疏漏，必须加以改进和完善。如果是个别优秀员工离职，不仅要对管理机制进行分析，还要对该员工的主管们的领导力进行评估。

一切管理机制或手段建立和完善的着眼点主要基于以下两点。

- 市场和客户关注什么。
- 企业最希望同竞争对手的差异是什么。

接下来便要思考什么样的管理机制或手段能为这两点提供保证。这样一来，企业管理就找到了重点和进一步精细、深化的起点。

作为一个人的能力，现实已基本将管理和领导力当作一回事。以下讲到的领导者和管理者可以当作同义，领导和管理也可当作同义。

领导力为何重要

我对我的大量客户进行的有关人才吸引和保留方面的调研，同中外很多人力资源研究或服务机构所做的类似调研结果不谋而合。

人才对企业看重的3个方面的因素如下所述。

- 组织因素，如薪酬福利、企业的知名度、行业前景、企业的发展潜力、企业文化、工作氛围、同事关系等。
- 工作因素，如工作与个人兴趣的匹配度、挑战性、价值感、成就感、自由度、培训机会、职业发展、工作地点的便利性等。
- 领导因素，即管理者的领导力水平。

人才离开公司的原因也不外乎这些因素，只不过排序正好相反，依次为：①领导因素；②工作因素；③组织因素。

可见，人才大多会因公司状况加入企业，却因其直接主管的领导力水平离开企业。企业的领导力水平决定着企业的人才质量。

领导力的3个特征

无层级性

领导力并不依附于领导职位而存在。因为它不是指领导权力，而是指领导能力。这就是说，有领导职务的人不一定有领导力，而无领导职权的人可能很有领导力。但在组织环境中，负有带团队责任的人首先应具备领导力。

情境性

领导力不能脱离领导者所处的环境而存在。这里的环境是指，团队或企业所在的行业、企业性质、人员特点，尤其是企业文化。譬如，时尚行业的员工会对领导者的形象气质有明显的要求；国企的员工则希望上级博学多闻。国企其实还特别需要“想干事，能干事，干成事，不出事”的领导干部。领导力的这一特征还可用来解释为什么很多空降到新企业的领导者无法成功的原因。适合某个企业的领导力如果被照搬到另一个企业，这样的领导力有可能是水土不服、效果不大的。因此，企业必须根据自身实际情况，建立自己的领导力标准。领导力经典论著和论述为领导者提供了通用的领导力标准，但身处某一具体组织时，领导者必须同时符合该组织自身独特的领导力标准。

关系性

领导者要发挥领导力，必须有领导力发挥的对象，而对象便是追随者，这样领导力才能有的放矢。没有追随者的领导者是不能称其为领导者的。领导力是通过领导者与追随者之间的互动体现出来的。

领导力的 3 个方面——管人、管事、管自己

管人

管人的领导力是指管理者凝聚人心的能力，包括识人用人、团队建设、沟通、说服、教练、辅导、激励、授权、冲突管理等。

管理首先是“管”人的心“理”

管理就是管人，管人就是管人的思想。领导者是人民的公仆，是为人民服务的。要服务好，就要了解服务对象的需求和期望，提供有针对性的服务。只有这样才能获得对象的满意，从而使对象跟随你。因此，领导者在管理任何团队之前，首先要摸清团队成员的思想、心理和需求，至少应寻求到以下问题的答案。

- 团队成员的成功观和幸福观是什么?
- 团队成员的工作动力来自哪里?
- 团队成员的工作需求和期望有哪些?
- 团队成员希望同什么样的领导一起共事?

大量研究表明，员工加入组织的核心需求主要表现为两个方面：一是绩效达标，获得满足生活需要的经济报酬；二是职业发展，实现满足自我价值的人生理想。

追随者对领导者的需求至少包括以下几个方面。

- 归属感——领导者能够让成员拥有团队带来的独特的身份和荣誉感。
- 真我感——领导者真实亲切，团队成员亦可表现出美好的真我。
- 价值感——领导者让每个成员感受到自身的价值，且价值得到发挥和认可。
- 振奋感——领导者让成员对工作充满干劲儿，对生活充满希望。

领导者如果能从团队成员以上方面的思想、心理和需求出发，那么其领导历程就具备了良好的开端。

如何了解员工心理

领导者若要获得员工真实的思想、心理和需求，首先必须是个值得信任的人。沟通是必要的手段，通过有效运用观察、倾听、提问等沟通技巧，了解员工心理。还可以运用诸如盖洛普公司 Q12 这样的员工满意度问卷调查工具。盖洛普公司的研究表明：员工对这 12 个问题的回答，可以体现一个企业组织层面的管理和领导力水平。

盖洛普公司 Q12 员工满意度问卷调查

1. 我知道对我的工作要求。
2. 我有做好我的工作所需要的材料和设备。
3. 在工作中，我每天都有机会做我最擅长做的事。
4. 在过去的 7 天里，我因工作出色而受到表扬。
5. 我觉得我的主管或同事关心我的个人情况。
6. 工作单位有人鼓励我的发展。
7. 在工作中，我觉得我的意见受到重视。
8. 公司的使命/目标使我觉得我的工作重要。
9. 我的同事们致力于高质量的工作。
10. 我在工作单位有一个最要好的朋友。
11. 在过去的 6 个月内，工作单位有人和我谈及我的进步。
12. 过去一年里，我在工作中有机会学习和成长。

如何有针对性地管人

基于情境领导理论，我们可以从态度和绩效两个维度将员工分为以下 4 类（见图 1-2）。

- 完人：态度积极，绩效高。这是企业最希望拥有和留住的员工。
- 能人：态度消极，绩效高。这是企业须慎用的员工。
- 好人：态度积极，绩效低。新员工或刚转岗的员工属于这类员工。

- 差人：态度消极，绩效低。必须弄清这类员工成为现状的原因。

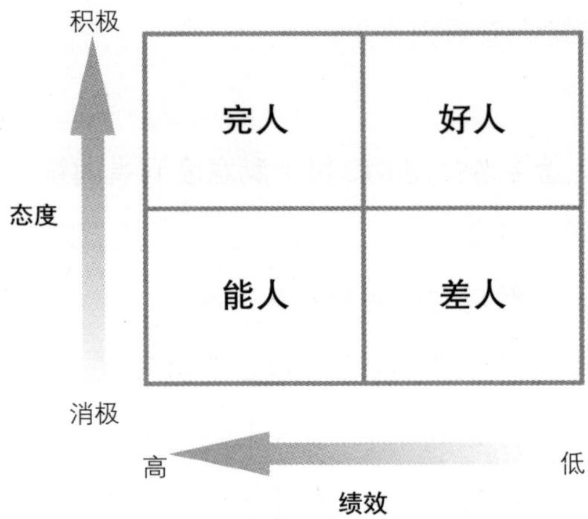

图 1-2　4 类员工

针对这 4 类员工，我们可以采取不同的管理方式（见表 1-3）。

表 1-3　针对 4 类员工的管理方式

员 工 类 型	管 理 方 式
完人	充分信任并授权，根据其职业发展需求提供相应的纵向或横向发展空间
能人	弄清其态度消极的原因，为其提供相应职业发展空间，明确奖惩，不能任其消极态度影响团队氛围
好人	提供相应培训、辅导，信任其潜力，防止依赖心理
差人	弄清其现状原因，分析其在组织的适合度，决定是否应转岗或淘汰

管事

管事的领导力是指管理者应对工作任务的能力，包括战略分析、运营管理、变革与创新、专业知识和技能等，其实就是一个人的管理能力。

战略分析，需要管理者把握宏观趋势，做好市场、客户、竞争对手和供应商研究，为企业制订符合自身独特定位的战略规划。这是高层管理者必须具备的能力。

运营管理，需要管理者建立好流程、绩效、项目管理以及员工激励机制，确保战略的顺利实施。这是中层管理者必须具备的能力。

变革与创新，需要管理者建立相应机制和文化，培养员工的相应技能，确保企业长期、健康地发展。这是各级管理者都必须具备的能力。

专业知识和技能，包括行业、企业、产品和岗位相关的知识、经验和技能，这些对基层管理者尤其重要。

管自己

管自己的领导力是指管理者自我管理的能力，包括职业道德、事业心、学习力、适应力、自我约束和时间管理等。

自我管理从自我认知开始

可通过 MBTI（迈尔斯-布里格斯 16 种领导风格，参考《从职场新人到职场精英》一书的功夫一“职业生涯规划”）和他人反馈认识自己的领导风格。

MBTI 的 16 种领导风格如表 1-4 所示。

表 1-4　MBTI 的 16 种领导风格

个性类型	个 性 含 义	领 导 风 格
1. ISTJ	内倾—感觉—思考—判断	• 利用关于事实的经验和知识做决策 • 依赖可靠、稳定、持续的业绩承担管理责任 • 推崇传统的、等级的方法 • 奖励那些遵守规定又能完成任务的人 • 关注组织即时的、实际的需要
2. ISFJ	内倾—感觉—情感—判断	• 起初可能不愿接受权力，但获得后也不推辞 • 希望自己和其他人都服从组织的需要、结构和等级制度 • 在幕后运用个人影响力 • 注重细节

续表

个性类型	个 性 含 义	领 导 风 格
3．ESTJ	外倾—感觉—思考—判断	• 急切寻找权力机会 • 运用并修正过去的经验来解决问题 • 干脆利落、直截了当地切入问题核心 • 快速决策 • 推崇层次等级制
4．ESFJ	外倾—感觉—情感—判断	• 通过关心他人进行领导 • 通过良好关系获得信誉 • 树立勤奋工作的榜样，以身作则 • 坚持组织传统
5．ISTP	内倾—感觉—思考—感知	• 以身作则，通过行动领导他人 • 偏好合作的团队工作方法，一视同仁 • 一有问题很快做出反应 • 对别人管理得比较松，监管程度低 • 讲究按规则、原则行事
6．ISFP	内倾—感觉—情感—感知	• 喜爱团队合作的工作方法 • 利用个人忠诚作为激励他人的一种手段 • 善于表扬而不善于批评 • 应变能力强
7．ESTP	外倾—感觉—思考—感知	• 受命于危难之际 • 劝说别人接受他们的观点 • 直截了当、武断 • 爱走捷径 • 立即行动并希望马上就有结果
8．ESFP	外倾—感觉—情感—感知	• 通过提高企业商誉和协作进行领导 • 善于处理危机、冲突和紧急事件 • 善于促进人与人之间有效交流
9．INTJ	内倾—直觉—思考—判断	• 驱使自己和他人去获取目标 • 思想活跃 • 态度强硬 • 思索、设计、组建新的模式 • 必要时会无情地进行系统重构

续表

个性类型	个 性 含 义	领 导 风 格
10. INTP	内倾—直觉—思考—感知	• 运用逻辑思考 • 喜好领导其他独立类型的人，而同时追求自身的独立自主 • 与他人的关系是以专业知识为基础的，而不是职位 • 力图在智力层次而不是感情层次与他人交流沟通
11. ENTJ	外倾—直觉—思考—判断	• 采用充满活力的工作方法 • 为组织构想愿景 • 直接管理，必要时会很严厉 • 善于在压力下工作
12. ENTP	外倾—直觉—思考—感知	• 构筑理论化的系统以应对和处理组织需要 • 鼓励独立性 • 运用逻辑思考 • 在行动前一定找到确定理由 • 在人和系统之间起催化剂的作用
13. INFJ	内倾—直觉—情感—判断	• 通过远见卓识进行领导 • 赢得合作而不是要求合作 • 努力工作是为了使其构想变为现实
14. INFP	内倾—直觉—情感—感知	• 采用支持促进式的工作方法 • 喜欢有新意的领导法则 • 乐于表扬他人而不是批评 • 鼓励他人按理想行事
15. ENFJ	外倾—直觉—情感—判断	• 通过个人热情进行领导 • 在管理他人和项目时以身作则 • 对下属需求很关心 • 鞭策组织采取与价值观相符的行动 • 鼓励变革
16. ENFP	外倾—直觉—情感—感知	• 精力充沛、热情洋溢 • 喜欢在起步阶段担任要职 • 易沟通，常成为人们价值观的代言人 • 乐于扶持他人 • 注意那些能激励他人的事物

当领导是一种郑重的选择

很多有才能的人并不愿意肩负领导的责任。生活和工作之间，有人更愿意选择生活。你必须面对这个严峻的问题：“我究竟想不想做一位领导者？”如果回答是肯定的，那么你是否愿意为之做出足够的牺牲？

不同层级领导的业绩和领导力要求

领导力的作用最终还是要体现在组织的业绩中。我根据《业绩梯队》(斯蒂芬·德罗特著）和《领导梯队》(拉姆·查兰、斯蒂芬·德罗特与詹姆斯·诺埃尔合著）两部著作，对不同层级领导的业绩要求和领导力（包括管人、管事、管自己）要求进行了总结归纳（见表 1-5），可供企业在开展领导力培养时做参考。

表 1-5　不同层级领导的业绩和领导力要求

领导梯队	职　　位	业绩要求	领导力要求
第一阶段：从管理自我到管理他人	一线经理	促成业绩实现	工作计划、知人善任、分配工作、激励员工、教练辅导、绩效评估、时间管理
第二阶段：从管理他人到管理经理人员	部门经理、总监	提高企业运营效率	选拔一线管理人才、分配管理工作、评估下属、教练辅导、全局思考
第三阶段：从管理经理人员到管理职能部门	事业部副总经理	打造企业竞争优势	全局意识、跨部门协作、争取资源、制定战略、合理授权
第四阶段：从管理职能部门到事业部总经理	事业部总经理	实现企业短期与长期盈利	长远眼光、长短期利益平衡、资源整合、多方协调与沟通、对支持性部门的了解与重视

续表

领导梯队	职　　位	业绩要求	领导力要求
第五阶段：从事业部总经理到集团高管	集团高管、副总裁	选择正确的业务组合	评估资金调拨和人员配置、培养事业部总经理、评估业务的投资组合、评估业务的核心能力
第六阶段：从集团高管到首席执行官	首席执行官	谋基业长存之道	权衡取舍、管理外部关系、对客户需求和市场的洞察、凝聚人心

中国员工看重的领导力

我为 50 多个行业不同性质、规模的数百家企业提供了 20 余年的领导力培养服务。在这一过程中，我对不同层级的管理者的下属进行调研，核心问题只有一个："你愿意同什么样的上级一起共事？"针对这一问题，我主要有 3 项结果。

第一，中国员工关注的领导力素质。

第二，中国员工最看重的领导力（不分层级）共性素质。

第三，中国员工对不同层级的领导力期望。

中国员工关注的领导力素质

我将调研的第一项结果归纳为 35 条（见表 1-6）。需要说明的是，这 35 条没有按高层、中层和基层领导区分，因为企业规模不同，发展阶段不同，对领导力的要求也是不同的。譬如，一个中小型公司的中层领导，对其领导力的要求可能只相当于一个大企业的基层领导。但对不同层级的领导力的素质要求也是有规律可循的，结果会在我的第三项调研结果中呈现。

表 1-6　中国员工关注的 35 条领导力素质

序号	领导力素质	其他可能的描述
1	专业度高	专业知识丰富、精通，业务能力强，专业技能强，经验丰富，业绩突出
2	见多识广	学识渊博，知识面宽，阅历丰富，修养高，是段子手
3	正直诚信	言行一致，言出必行，作风正派，说到做到，不弄虚作假
4	坦率真诚	开诚布公，直言不讳
5	亲和力强	友好，谦和，随和，平易近人，没有架子，不打官腔，不强势
6	关爱他人	关心，爱护，体会，体谅，体贴，体恤，有爱心，通情达理，善解人意，尊老爱幼，替员工着想，了解员工工作，理解员工需求，为员工争取利益
7	帮助下属	支持、帮助下属解决问题，提供针对性建议
8	培养下属	乐于分享经验，提供职业规划辅导，带领下属进步、成就事业
9	信任下属	乐于、善于授权
10	尊重下属	认可，表扬，鼓励，引导而非命令，平等处事
11	远见前瞻	高瞻远瞩，方向感强，远见卓识，有格局，有战略眼光、长远眼光，目标明确，决策正确，判断力强
12	把控全局	有大局观，全局意识，统筹，抓大放小，善抓重点，要事第一
13	决策魄力	决策果断，决断力强，雷厉风行，有适当的威严，要求严格
14	成熟稳重	理性，平和，沉着冷静，耐心，逻辑严谨，思维缜密，头脑、条理清晰，善于处理突发事件，有良好的心理素质，不轻易发火
15	以身作则	原则性强，严于律己，亲力亲为，身先士卒，表率作用，与员工同甘共苦
16	包容大度	心胸开阔，宽容，豁达，大气，欣赏差异
17	灵活开明	接纳不同观点，不主观武断，不固执己见，不偏激，不因循守旧，不墨守成规
18	知人善任	分工合理，用人所长，善于利用员工个性和特长，发挥员工最大价值
19	善于学习	善于反思、总结，不断改善
20	公平公正	公私分明，一视同仁，实事求是
21	执行力强	善于计划、规划，指令明确，责权、奖惩分明，高效，干练，善于项目管理

续表

序号	领导力素质	其他可能的描述
22	沟通力强	善于倾听、演讲，表达力强，口才好，说服力强，表达准确
23	乐观向上	积极，有理想，有情怀，有温度，正能量，进取，追求卓越，兴趣广泛，爱运动
24	热情开朗	外向，自然大方，有活力
25	敢于担当	责任感强，敢于承担责任
26	志同道合	理念、行为与公司价值观相协调
27	果敢自信	敢做敢当，有气场
28	聪明睿智	智慧，视野、思路开阔，有深度和洞察力，善于解决问题
29	张弛有度	工作生活平衡，善于时间、压力管理
30	协调力强	善于利用资源、合作、向上管理、冲突管理，情商高
31	认真执着	勤奋，专注，细心，敬业，坚持，有毅力，意志坚定
32	充满激情	热爱，投入，有干劲
33	勇于创新	求新求变，善于变革
34	幽默风趣	轻松愉快
35	风度翩翩	英俊潇洒，举止儒雅，形象气质佳，颜值高

并不是说你必须具备这35条领导力素质才有资格在中国做企业的领导者，但你若具备这35条中的大部分素质，就有可能成为“打败天下无敌手”的企业领导者！所以说，管理本身就可以是一种职业。

这35条给我们的重要启示是，你在担任领导者之前，应该了解你所面对的情境，即你所在的行业、企业性质、团队人员组成和特点，尤其是企业文化。既然管理首先是“管”人的心“理”，作为领导者，你必须首先了解下属对你领导方式的期望，而相应的期望通常都包含在这35条之内。你在彼行业、企业、团队是成功的领导者，不代表你在此行业、企业、团队就一定是成功的领导者。到了一个新的情境，你应了解新的情境下对领导力的素质要求。你也许对下属的期望并不完全认同，但你应从适应下属的需求开始，逐步引导他们朝着你所期望的方式和方向前进。

中国员工最看重的领导力（不分层级）共性素质

我调研的第二项结果表明，在中国员工关注的35条领导力素质当中，以下几条是不管哪个层级的员工都最为看重的：敢于担当，关爱下属，培养下属，以身作则，公平公正。这个结果获得了身处管理层的多数学员的共鸣。一位名叫马雷的国企干部帮我将这几条精练为8个字：扛事，疼人，律己，公平！

- 扛事，是指敢于担当。责任并不一定是你的，但作为领导，不仅要有高度的责任感，还要在出了问题时敢于承担责任。
- 疼人，包括关爱下属和培养下属。
- 律己，是指以身作则。领导就要自律，起到表率和榜样的作用，不能随心所欲。这也是你选择成为管理者必须做出的牺牲。
- 公平，领导只有做到实事求是，公平公正，才能令人真正信服。

这八字方针是我们每个中国管理者，不管身处什么层级，都应具备的领导力素质。

中国员工对不同层级的领导力期望

我调研的第三项结果是中国员工对不同层级的领导力期望（见表1-7）。

表1-7　中国员工对不同层级的领导力期望

领导层级	对该层级领导力的共性期望
高层	远见前瞻，把控全局，富有魄力，志同道合
中层	正直诚信，信任下属，知人善任，执行力强
基层	专业度高，亲和力强，尊重下属，坦率真诚

以上我对管理和领导力的含义、区别及关系，领导力的作用、特征、内容以及中国员工看重的领导力素质进行了阐述。你所在企业的管理水平如何？你自身的领导力水平如何？衷心祝愿你成为员工乐意追随的领导/管理者！

思考

- 你所在企业是否有明确的领导力标准？
- 对照你企业的领导力标准和中国员工看重的领导力素质，你做得怎么样？
- 你所在企业应该树立什么样的领导力品牌？

收获及行动计划

主要收获	在工作和生活中 如何应用	怎样检验应用 （知行合一）的效果
1.		
2.		
3.		
4.		
5.		
……		

【练习 1-1 参考答案】

1．组织架构：管理手段

2．员工守则：管理手段

3．绩效沟通：领导力手段

4．战略规划：领导力+管理手段

5．领导以身作则：领导力手段

6．操作流程：管理手段

7．口头表扬：领导力手段

8．工作授权：领导力手段（与授权相对的是分权，先有分权，再有授权。分权则是管理手段。）

9．奖惩措施：管理手段

10．能力辅导：领导力手段（企业的培训体系则是管理手段）

11．项目章程：管理手段

12．同理心倾听：领导力手段

13．与员工谈心：领导力手段

14．公司年会：领导力+管理手段

15．绩效合约：管理手段

16．员工激励：企业的激励机制是管理手段，管理者的激励技巧是领导力手段

17．岗位说明：管理手段

18．员工满意度调查：领导力+管理手段

19．保密合同：管理手段

20．家访员工：如果是公司对管理者的硬性要求，那是管理手段；如果无硬性要求，则是管理者的领导力手段

21．企业文化建设：领导力+管理手段

22．领导动员讲话：领导力手段

功夫二

战略性思考

战略原意为“战争的谋略”或“针对对手确立优势位置”。在市场环境中，战略的含义为企业的全局和长远性发展规划，在很大程度上体现了一个企业的领导力和格局。战略性思考，狭义是指企业高层应实施的一种常规管理行为，广义则是指各级管理者都应具备的一种能力：全局性、系统性思考和规划的能力。本门功夫关注的正是这一能力。

本门功夫的要领

- 关于企业发展方向的战略性思考方法和工具
- 关于企业高效经营的战略性思考方法和工具
- 关于企业人才管理的战略性思考方法和工具

关于企业发展方向的战略性思考方法和工具

管理者必须关注企业的长期发展。关于企业发展方向可以借鉴的战略性思考方法和工具如下。

- 《孙子兵法》五事七计。
- 德鲁克关于组织的5个最重要问题和企业需要设定目标的八大领域。
- PEST 分析。
- 行业生命周期分析。
- 特劳特的定位理论。

《孙子兵法》五事七计

《孙子兵法》是全球企业制定发展战略时的指南，其战略思想的精华集中体现于《计篇》的五事七计。

五事

“兵者，国之大事，死生之地，存亡之道，不可不察也。故经之以五事，校之以计，而索其情：一曰道，二曰天，三曰地，四曰将，五曰法。”

战争作为国家大事，关乎国家的生死存亡，要得胜必须重视“道、天、地、将、法”5个方面。商场如战场，企业发展同样必须重视这5个方面。

- 道：企业必须拥有明确的经营理念和价值观。
- 天：企业必须把控好市场需求和机会。
- 地：企业必须把控好外部环境，包括政治、经济、社会、技术、法律、文化、竞争等宏观环境。
- 将：企业必须拥有“精兵强将”。
- 法：企业必须拥有利于发展的制度流程，有章可循，行动统一。

七计

“主孰有道？将孰有能？天地孰得？法令孰行？兵众孰强？士卒孰练？赏罚孰明？吾以此知胜负矣。”战略的胜负取决于企业以下7个方面的比拼。

- 哪个企业的领导者更能坚持企业的经营理念和价值观？
- 哪个企业的管理者更有才能？
- 哪个企业能更好地把控市场和环境？
- 哪个企业执行力更强？
- 哪个企业员工绩效更高？
- 哪个企业员工更为训练有素？
- 哪个企业激励更为有效？

德鲁克关于组织的 5 个最重要问题和企业需要设定目标的八大领域

德鲁克认为，对于企业发展最重要的 5 个问题如下。

- 我们的使命是什么?
- 我们的客户是谁?
- 我们的客户注重什么样的价值?
- 我们当前做得怎么样?
- 我们的计划是什么?

每个管理者都应对这 5 个问题有明确的答案。

德鲁克还提出了企业需要设定目标的八大领域。

- 市场营销：满足和创造什么样的客户群体。
- 创新：为达成市场营销目标需要哪些创新。虽然创新目标不像市场营销目标那么明显，但创新目标仍然必须力求具体化和数量化。例如，美国 3M 公司要求，每个业务单位销售额中 30%必须来自过去 4 年推出的新产品；华为将 20%～30%的研发预算用于基础科学研究。
- 人力资源：采用怎样的组织架构，管理团队应由什么样的人组成，员工应具备什么样的素质和能力。
- 财务资源：经营和发展资金从哪里来，如何有效使用。
- 实物资源：怎样确保原材料的稳定供应，应该拥有哪些固定资产，如何利用好经营场所和设施。
- 生产力：投入获得多少产出，员工人均创造多少价值。
- 社会责任：为社会履行什么样的责任。
- 利润需求：制定怎样的利润目标，以确保企业的可持续发展。

在这八大领域当中，市场营销（德鲁克称之为创造客户）和创新是企业存在的本质和最重要的两个目标。

PEST分析

企业发展必须适应环境的变化。PEST分析法可帮助管理者对宏观环境进行扫描，从而识别市场机会和威胁，作为制定发展战略的有效依据。

- 政治法律环境（Politics）：政治环境主要包括政治制度与体制、政局、政府的态度等；法律环境主要包括政府制定的法律、法规。
- 经济环境（Economy）：构成经济环境的关键要素包括GDP、利率水平、财政货币政策、通货膨胀、失业率水平、居民可支配收入水平、汇率、能源供给成本、市场化程度、市场需求等。
- 社会文化环境（Society）：是指企业所处市场人们的基本信仰、价值观念和生活准则。
- 技术环境（Technology）：包括技术变化的速度，创新的机会，研究与开发预算，新技术、新工艺、新材料的出现和发展趋势等。

行业生命周期分析

任何行业通常都会经历“导入—成长—成熟—衰退”这样的4阶段生命周期，有些行业这一周期的时间长些，有些则很短，主要受科技水平和人们消费习惯的影响，行业的生命周期更是变幻莫测。管理者应认清自己企业当前所处的生命阶段，对行业可能出现的转型和变化随时保持警醒。

特劳特的定位理论

“定位”作为战略性市场营销概念，由美国人杰克·特劳特（Jack Trout）提出，其核心观点如下。在竞争的市场环境中，企业要想成功和长久发展，必须在目标客户的头脑里占有独特的一席之地。市场营销的目的就是通过向客户讲述独特的故事，在客户头脑中确立一个用以决胜的位置，这就是定位。以此定位为导向配置企业内部的所有资源并开展运营管理，从而创造最佳的经营成果。竞争的市场环境中，每位企业管理者都必须具备定位的意识。

有效的定位方法和实例如下所述。

- 类别定位，依据产品类别建立品牌联想，力图在客户心目中形成该品牌等同于某类产品的印象。如七喜汽水为“非可乐”饮料，果冻布丁喜之郎。
- 比附定位，以竞争者品牌为参照，通过品牌竞争提升自身品牌价值与知名度。如蒙牛在初创时提出“为民族争气，向伊利学习”的广告口号。
- 档次定位，利用品质、价格和等级的不同体现品牌价值。如路易·威登、劳力士等奢侈品，香格里拉、如家等不同档次的酒店。
- 独特卖点（Unique Selling Proposition，USP）定位，在同类产品品牌太多、竞争激烈的情形下突出品牌特点和优势，以方便客户按自身偏好快速选择商品。如宝洁公司的不同洗发水品牌，海飞丝定位为“去头皮屑”，飘柔为“柔顺发质”，潘婷为“营养发质”，沙宣为“美发定型”，伊卡璐为“植物草本精华”。
- 消费者定位，按产品与某类客户的生活形态和生活方式的关联作为定位基础，树立独特的品牌形象和品牌个性。如万宝路香烟强调的代表男性世界的牛仔形象，耐克选择乔丹为广告模特，百事可乐定位于“新一代的可乐”。
- 比较定位，抓住知名竞争对手的弱点以突出自己的优点，从而获得市场认可。如丰田公司在宣传其雷克萨斯品牌时，将其图片和奔驰汽车并列在一起，并加上大标题“用 36 000 美元就可以买到价值 73 000 美元的汽车”，体现了雷克萨斯与奔驰相比高质低价的优势。

关于企业高效经营的战略性思考方法和工具

企业经营可以借鉴的战略性思考方法和工具如下。

- 商业模式画布。
- 3C 及利益相关者分析。
- SWOT 分析。
- 麦肯锡 7S 战略模型。
- 平衡计分卡。

商业模式画布

商业模式画布，是由亚历山大•奥斯特瓦德（Alexander Osterwalder）在其《商业模式新生代》一书中提出的一种将商业模式可视化为九宫格（如图 2-1 示例）的方法，用来描述和分析企业如何创造、传递和获得价值。九宫格代表商业模式的 9 个组成部分。

- 客户细分：谁是我们的客户？这些客户有什么特点？
- 价值主张：我们可以为客户提供什么样的产品和服务？传递什么样的价值？解决什么样的问题？
- 渠道通路：我们通过什么渠道与客户接触？
- 客户关系：我们应与客户建立一种什么样的关系？怎样维护和巩固好与客户的关系？
- 主要收入来源：这套商业模式可以有哪些主要收入来源？
- 核心资源：我们已经具有或者需要掌握怎样的核心资源（包括但不限于实体资产、金融资产、知识资产或人力资源）？
- 关键业务：我们需要开展哪些核心活动？
- 重要伙伴：我们需要有哪些重要的合作伙伴？

- 主要成本结构：这套商业模式需要在哪些地方花钱？

<table>
<tr><th>重要伙伴</th><th>关键业务</th><th>价值主张</th><th>客户关系</th><th>客户细分</th></tr>
<tr><td rowspan="3">1）腾讯：微信平台，微信支付，腾讯地图
2）阿里巴巴：支付宝
3）保险公司
4）出租车公司</td><td>1）为乘客和司机提供中介
2）产品开发
3）客户获取
4）司机管理
5）支付管理
6）客户支持
7）为商家提供互动营销</td><td rowspan="3">为乘客和司机提供高效匹配的叫车服务中介软件

对乘客：
1）叫车方便
2）选择性大
3）价格优惠
4）付款便捷
对司机：
1）接单方便
2）空驶减少
3）收款方便
4）收入增加
对商家：
1）广告受众面广
2）广告价格有竞争力</td><td>1）个人助理：通过电话、短信、售后评价进行
2）自助服务：自助叫车，自助接单
3）自动化服务：自动匹配用户叫车服务</td><td rowspan="3">现有客户：
1）乘客端，借助手机打车的使用者
2）司机端，借助手机承接业务的出租车、快车、代驾、大巴等的驾驶员
潜在客户：
1）广告商
2）借助滴滴平台推广业务的商家</td></tr>
<tr><th>核心资源</th><th>渠道通路</th></tr>
<tr><td>1）滴滴 App
2）投资商资金
3）客户数据
4）合作关系
5）公司员工</td><td>1）直接渠道：微信
2）间接渠道：iOS 渠道，安卓渠道</td></tr>
<tr><th colspan="3">主要成本结构</th><th colspan="2">主要收入来源</th></tr>
<tr><td colspan="3">1）软件研发
2）软件发布与推广
3）技术维护
4）员工工资
5）运营、管理成本</td><td colspan="2">1）中介服务费
2）广告费</td></tr>
</table>

图 2-1　滴滴出行的商业模式画布

3C 及利益相关者分析

企业的经营水平，与其对 3C——（企业）自身（Company）、竞争对手（Competitor）、客户（Customer）及利益相关者（Stakeholders）的认知程度极为相关。

企业对自身的分析

- 技术。

- 资金。
- 人力资源。
- 拥有的信息。
- 可整合的资源。
- 核心能力。

…………

通过对以上各方面的分析，企业可对自身的优势和劣势得出更清晰的认知。

企业对竞争对手的分析

- 确定竞争对手究竟包括谁，不仅应包括现有竞争对手，还应包括潜在竞争对手。
- 竞争对手的未来目标。
- 竞争对手的自我假设，包括对自身的认识，对行业和其他公司的认识。
- 竞争对手的现行战略。
- 竞争对手的潜在能力，包括核心能力、增长潜力、适应能力、反应能力和持久耐力等。

企业对客户的分析

- 现有客户是谁?
- 潜在客户是谁?
- 客户需求和期望是什么?
- 客户希望通过什么媒介了解你的产品或服务?

企业对利益相关者的分析

- 关键的利益相关者都有谁。例如，所有者、客户、供应商、员工、政府相关机构（如工商、税务等）、消费者组织、环保组织、媒体等。
- 利益相关者的利益所在。

SWOT 分析

这是企业考察内外环境以决定该采取怎样的战略措施的分析工具。

- 内部环境因素包括内部优势（Strengths）和内部劣势（Weaknesses），它们是企业在其发展中自身存在的积极和消极因素，相对微观，如管理、经营、人力资源等因素。
- 外部环境因素包括外部机会（Opportunities）和外部威胁（Threats），它们是外部环境对企业的发展有直接影响的有利和不利因素，相对宏观，如经济、政治、社会文化等因素。

常见的内部和外部环境因素如图 2-2 所示。

	内部优势（S）	内部劣势（W）
内部环境	• 产权技术 • 成本优势 • 特殊能力 • 产品创新 • 规模经济 • 良好的财务资源 • 高素质的管理人员 • 公认的行业领先者 • 客户的良好印象 • 适应力强的经营战略 ……	• 设备老化 • 产品线范围窄 • 技术开发滞后 • 营销水平低 • 管理不善 • 利润水平低 • 资金匮乏 • 成本高 ……
	外部机会（O）	**外部威胁（T）**
外部环境	• 纵向一体化 • 市场增长迅速 • 新的用户群 • 新市场出现 ……	• 市场增长缓慢 • 政府政策不利 • 新竞争者进入 • 替代品销售额上升 • 客户、用户讨价还价能力增强 • 客户、用户偏好转变 • 通货膨胀 ……

图 2-2　常见的内部和外部环境因素

麦肯锡 7S 战略模型

麦肯锡咨询公司基于现实大量案例得出的结论如下。企业经营必须至少重视并开展 7 方面的工作（见图 2-3）。

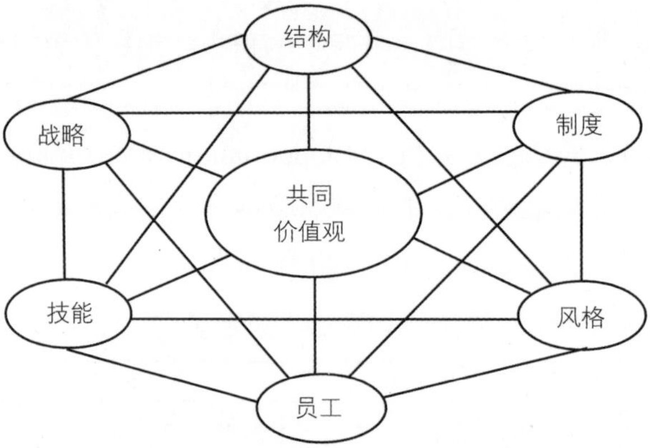

图 2-3　麦肯锡 7S 战略模型

这 7 方面可以概括为硬件和软件两大部分。

硬件

- 战略（Strategy）：明确可行。
- 结构（Structure）：与战略匹配的组织结构。
- 制度（Systems）：保证战略实施的制度。

软件

- 共同价值观（Shared Values）：员工应对企业战略统一认识并认可。
- 风格（Style）：适应战略实现的管理风格和企业文化。
- 员工（Staff）：合适的人力配备。
- 技能（Skills）：员工具备实现战略目标所需的技能。

平衡计分卡

平衡计分卡是哈佛大学罗伯特·卡普兰（Robert Kaplan）教授和复兴方案咨询公司总裁大卫·诺顿（David Norton）提出的企业经营综合评价体系，由财务、客户、内部运营、学习和发展 4 方面构成（见图 2-4），已在企业经营规划的工作中得到广泛应用。

- 财务方面：体现股东权益，概括反映企业当期经营业绩，主要指标包括营业收入、资本报酬率、经济附加值、现金流量等。
- 客户方面：体现客户利益，反映客户满意程度、客户流失率、新客户开发程度和客户的可获利能力，主要指标包括客户满意度、市场占有率、旧客户保持率、新客户增长率等。
- 内部运营方面：由市场定位、生产产品、提供服务和售后服务 4 个环节组成，主要指标包括新产品设计能力、周转时间、成本、返工率、客户付款时间等。
- 学习和发展方面：体现企业人员、信息系统和组织整体 3 方面持续发展能力的增长情况，主要指标包括培训支出、员工满意度、信息传递和反馈所需时间、员工受激励程度等。

图 2-4　平衡计分卡

这 4 方面的指标构成了一个整体循环：财务指标是企业经营水平的衡量标准；财务状况的好坏根本在于客户的满意度；要让客户满意，必须加强企业自身建设，提高企业内部的运营效率；运营效率提高的前提是企业与员工的学习和发展。

关于企业人才管理的战略性思考方法和工具

人才管理可以借鉴的战略性思考方法和工具如下。

- 人才管理 4 环节。
- 人才职业发展 4 要素。
- 人才发展通道的长度。
- 人才发展通道的宽度。
- 人才发展通道的速度。

人才管理 4 环节

人才管理必须关注选、用、育、留 4 环节。

选才

选才工作包括制定人才标准、确定人才来源、吸引人才、考量与选拔、试用期管理等。

用才

用才关注人才的人职匹配、人尽其才和绩效。

育才

育才关注人才的职业发展及相应的培养。

留才

留才关注人才的成就欲望及相应的激励。

人才职业发展 4 要素

要想做到人尽其才，人才职业发展应满足职业兴趣、职业适合、职业胜任和职业机会 4 要素。

- 职业兴趣：人才要热爱自己的工作，这主要同人才的价值观相关。
- 职业适合：人才要适合自己的工作，这主要同人才的个性相关。
- 职业胜任：人才要胜任自己的工作，这主要同人才的能力相关。
- 职业机会：人才要有机会做自己的工作，这主要同市场和企业内的职业空间相关。

人才发展通道的长度

要想留才，企业必须为人才提供足够的发展空间。人才发展通道的长度是指，如果人才希望纵向发展，那么他可以不断成长的岗位级别有多少，譬如企业不希望技术岗位的人才流动大，那么就应对技术岗位设多少个级别进行认真研究。岗位级别越多，人才可以在企业中发展的时间也就越长。

人才发展通道的宽度

人才发展通道的宽度是指，如果人才希望横向发展，那么他可以转换的岗位类别有多少，譬如财务部门的人有可能转岗到市场、人力资源部门；人力资源部门的人转岗到市场部门可行，但转岗到财务部门可行性就较小（除非该人才有很强的财务背景）。可转换的岗位类别越多，人才可以在企业中发展的时间也就越长。

人才发展通道的速度

人才发展通道的速度是指，人才纵向发展时多久可以向上晋升一级，横向发展时多久可以转换一岗，这一点同样影响人才在企业中的发展时间和空间。

作为管理者，不管你处于哪个层级，都应关心企业的未来发展、经营状况和人才诉求，关于这 3 方面的战略性思考能力需要不断地磨炼。

思考

- 你认为自己的哪些工作最需要战略性思考?
- 你最需要提高哪方面的战略性思考能力?
- 哪些战略性思考方法和工具对你启发最大？为什么?

收获及行动计划

主要收获	在工作和生活中 如何应用	怎样检验应用 （知行合一）的效果
1.		
2.		
3.		
4.		
5.		
……		

功夫三

高效团队建设

科学研究表明，大雁通过“人”字形雁阵相互借势，可以比单雁的飞行速度高出七成。我们加入一个组织或团队，其实都希望如同大雁一样，能借团队之势让自己飞得更快、更高、更远。而我们听到的却是许多职场人士感叹自己是“从一个火坑跳进了另一个火坑”。“众人拾柴火焰高”的道理谁都明白，而现实却常为“个个是条龙，凑到一起就变成了虫”。

作为管理者，你是要把自己的团队建设成大雁团队还是建设成员工的“火坑”呢?

本门功夫的要领

- 真正团队的 5P 特征
- 组织中的团队类型
- 什么是高效团队
- 高效团队的 4C 基础
- 团队发展过程中的管理重点
- 虚拟（远程）团队的管理

真正团队的 5P 特征

广义来说，任何一个组织都应该是一个团队。但真正意义的团队应该至少同时具备 5P 特征。

- 共同目标（Purpose）——成员拥有共同目标，不论是长期的还是短期的。
- 共守规则（Process）——拥有共同认可并遵守的管理架构、规章制度和流程程序，权责明确，赏罚分明。
- 协同效应（Performance）——乐于并善于协作，绩效大于成员个体单打独斗所能取得的成果。

- 专业过硬（Professional Expertise）——像特种部队那样拥有专业人士，或具备随时整合最佳专业资源的能力。
- 成员发展（Personal Development）——每个成员都感受到如雁阵中的大雁那样更快、更高、更远的个人发展。

在这5P特征当中，拥有共同目标是真正意义上团队的基础。

练习 3-1

请识别下面哪组人群是真正意义的团队？为什么？

- 龙舟队
- 旅行团
- 谈判小组
- 乘坐同一航班的旅客
- 项目组

从是否拥有共同目标角度来看，旅行团、乘坐同一航班的旅客不是真正意义的团队。旅行团每个成员参团的目标通常各不相同：有关心美食的，有注重美景的，有向往人文的，有只想交友的，很难统一。乘坐同一航班的旅客虽飞往同一目的地，但目标也可谓千差万别。当然，二者在某种情况下可能变成团队，如遇到危急或对旅行社、航空公司的服务不满准备一起投诉时，大家就拥有了共同的目标。

共同目标

团队领导应有如下问题的答案。

- 团队的愿景、使命、目标和战略是什么？
- 怎样将愿景、使命、目标和战略沟通传达到位并获得成员认可？

- 如果团队成员对愿景、使命、目标和战略当中的内容不认可，你怎么办?

共守规则

团队领导应审视并不断优化以下 4 个方面。

- 分工权责的合理程度。
- 规章制度的完善程度。
- 工作流程的科学程度。
- 激励机制的有效程度。

协同效应

团队领导要确保团队的绩效管理达到以下两个目标。

- 支撑团队愿景、使命、目标和战略。
- 过程对成员起到激励和培养的作用。

专业过硬

团队领导是否有能力做到以下两个方面。

- 吸引专业人士加入团队。
- 在需要时整合专业上的最佳资源。

成员发展

团队领导还要重视以下两个方面。

- 团队成员的专业成长和职业发展。
- 团队成员个体的成就感和幸福感。

你所处的团队状况如何

团队状况检测表

请对以下14种情况做出判断：

	表现不明显		有所表现		表现明显
1．工作产出/产量减少	1	2	3	4	5
2．团队内部有埋怨、不满情绪	1	2	3	4	5
3．团队成员冲突、敌对	1	2	3	4	5
4．分工不明或员工相互间的职责不清	1	2	3	4	5
5．目标不明或对目标缺乏承诺	1	2	3	4	5
6．成员冷漠或缺乏热情，不愿参与	1	2	3	4	5
7．缺乏创新、冒险、想象力或主动性	1	2	3	4	5
8．会议效率不高	1	2	3	4	5
9．与上级合作不顺	1	2	3	4	5
10．沟通不畅：成员不敢畅所欲言，相互不愿沟通	1	2	3	4	5
11．团队领导与成员之间或成员相互之间缺乏信任	1	2	3	4	5
12．成员不理解或不赞成上级决定	1	2	3	4	5
13．成员感到好的工作表现未得到认可或奖励	1	2	3	4	5
14．无人鼓励团队协作	1	2	3	4	5

结果分析：

14～28分：你的团队表现不错。

29～42分：你的团队问题不大，但要关注个别分数高的方面。

43～56 分： 需要认真考虑团队建设的问题。

56 分以上： 团队建设已成为你工作的当务之急！

资料来源：《团队建设：提高团队绩效的可行策略》（*Team Building: Proven Strategies for Improving Team Performance, Fourth Edition*），作者威廉 · G · 戴尔（William G. Dyer），小威廉 · 吉布 · 戴尔（W. Gibb Dyer, Jr.），杰夫瑞 · H · 戴尔（Jeffrey H. Dyer）。

组织中的团队类型

组织中的团队主要有以下 4 种类型。

- 管理型团队：企业管理层形成的团队，包括高层管理团队、中层管理团队和基层管理团队。
- 顾问型团队：质量、安全、审计、人事、财务、公关等职能部门，以及为研究和解决与这些职能相关的问题而形成的团队。
- 执行型团队：生产、销售、服务等业务部门，以及与这些业务活动相关的团队。
- 创意型团队：与研发、营销策划、广告等工作相关的部门或团队。

什么是高效团队

团队是否高效的最终判定者是顾客。高效组织或团队的生产、服务或工作流程通常都相当顺畅且透明，就像你去餐馆用餐，作为顾客可以同产品交付者（服务员）及生产者（厨师）这些影响效率的关键人员近距离互动，及时得到产品交付（上菜）情况的反馈：顾客的要求可以通过服务员很快地传递给厨师，产品的供应状况也可以通过服务员很快地转达给顾客，如果对上菜时间不满甚至可以到厨房直接询问厨师。

所以，高效团队一定要能够做到及时与顾客互动，令顾客感到流程顺畅透明。这也正是快递公司和众多互联网企业能够蓬勃发展的原因。

高效团队的 4C 基础

高效团队需要 4C 因素作为前提基础。

- 文化氛围（Culture）。
- 人员组成（Composition）。
- 能力构成（Competencies）。
- 与时俱进（Change Management）。

文化氛围

高效团队首先要有共同的愿景、使命和价值观，建立起可以吸引志同道合的人才加入的工作氛围和团队文化。只有志同道合的人在一起，才有可能制定共同的目标，遵守共同的规则。为团队打下良好的文化基础，是通用电气、谷歌、阿里巴巴这些公司成功的关键因素。

谷歌公司前高管施密特和罗森伯格在总结谷歌成功经验时深有感触地说："在创建一个公司或一项事业时，文化是最重要的考虑因素。大多数公司让其文化自然地发生，没有人去策划。这也许可行，但也意味着将成功的一项关键因素交给了运气。"

企业文化的中心是企业的核心价值观。通用电气的核心价值观是"坚持诚信、注重业绩和渴望变革"；谷歌的核心价值观是"以用户为中心"；阿里巴巴的核心价值观是"客户第一、团队合作、拥抱变化、诚信、激情和敬业"的"六脉神剑"精神。正是因为恪守着自己的核心价值观，这些公司才能不断创造一个接一个的辉煌成就！

作为团队领导，你需要回答下列问题。

- 团队应塑造怎样的团队文化?
- 团队应有怎样的愿景、使命和核心价值观?
- 成员认可团队的核心价值观吗?
- 团队文化到底应为团队绩效起到怎样的作用?

人员组成

常言道:“病从口入。”企业或团队的许多问题，都是一开始因招募和选拔人才不当造成的。因此，要想团队成功，一定要把好选人这一关。

首先我们来看高效团队的规模。实践证明，高效团队通常由 4～11 人组成，如篮球队和足球队那样的规模。当然，高效的组织并不一定都是十几个人以内的小企业(不过通常小企业的效率就是比大企业高)。也就是说，即使像通用电气那样的大公司，在解决具体的实际问题时采用 4～11 人组成的团队(或核心团队)会更加高效，因为这样会更容易做到与顾客及时互动。杰克·韦尔奇就把通用电气定位为“既有大企业的规模效应，又有小企业的灵活高效”的公司。

高效团队的人员组成在志同道合的前提下，还应考虑个性和特长的搭配与互补。英国的贝尔宾教授，对团队的人员组成问题进行了数十年的研究。他的“团队角色理论”为我们提供了极为有益的团队人员组成方法(见表 3-1)，包括阿里巴巴等在内的中国优秀企业，也在推广使用这一用人方法和工具。

表 3-1　贝尔宾“团队角色理论”提出的团队必备的 8 种角色

	团 队 角 色	主 要 特 点
具有领导力的角色	1. 协调者（Coordinator）	• 不见得聪明绝顶，但能通过充分利用团队资源来实现团队的目标 • 知道团队的长处和弱点，让人感到可以信赖 • 能保证每一名团队成员的潜力都能得到充分的发挥
	2. 塑造者（Shaper）	• 能塑造团队工作的方式，使大家注意团队的目标和首要任务 • 总想使团队讨论和团队行为的结果有一定的模式 • 勇于挑战，不怕压力，遇到障碍时能绕道而行 • 有时脾气火暴
具有行动力的角色	3. 执行者（Implementer）	• 能将头脑中的一些想法和计划变成实际的行动 • 有时不灵活
	4. 完成者（Completer/Finisher）	• 能保证团队不会轻易犯疏忽性错误 • 总是在团队内部寻找那些需要特别细心的工作 • 急性子，能使团队始终保持一种紧迫感，交货准时 • 会“杞人忧天”，不愿意下放权力
具有社交力的角色	5. 凝聚者（Team Worker）	• 喜欢根据别人的建议办事 • 能弥补别人的不足，促进成员之间的交流，培养团队精神 • 危急关头易犹豫不决
	6. 信息员（Resource Investigator）	• 善于对团队外部的观点、资源和变化进行调查研究，然后进行汇报 • 建立对团队有益的外部联系，做相关的谈判 • 外向开朗，善于沟通，但易三分钟热情
具有思想力的角色	7. 创新者（Plant）	• 特别关注重大的问题 • 喜欢想一些新主意和新战略，总是找解决问题的突破性办法 • 具有创造力，但与一般人相处得不好
	8. 评估者（Monitor/Evaluator）	• 稳重，善于分析问题 • 评价各种想法和建议，保证团队做出合理的决策 • 缺乏激发他人的能力

我发现，这 8 种角色可以同中国道家传说中的八仙联系起来（见表 3-2）。

表 3-2　贝尔宾的 8 种角色与中国道家八仙的对应

8 种角色	相对应的八仙	对 应 原 因
1．协调者	吹笛子的韩湘子	悦耳的笛声调谐团队士气
2．塑造者	挥剑的吕洞宾	刀光剑影严肃团队纪律
3．执行者	执扇的汉钟离	扇子为挥汗的执行者带来凉爽
4．完成者	击鼓的张果老	战鼓激励团队完成任务
5．凝聚者	捧葫芦的铁拐李	葫芦中的酒为团队凝聚友谊
6．信息员	持花篮的蓝采和	花篮代表与外界交往的礼仪
7．创新者	握荷花的何仙姑	创新者往往显得最为另类：何仙姑是 8 人中的另类，且荷花是新鲜的植物，象征生机与活力
8．评估者	敲响板的曹国舅	响板响起给团队以提醒和警示

正所谓，团队应该“八仙过海，各显神通”。你所适合扮演的团队角色，可以通过贝尔宾开发的“团队角色自我测评”以及别人对你的评价得出。通过测评与反馈，你会发现一个人往往至少具备两种角色的特点，但这两种角色通常不在同一共性能力（领导力、行动力、社交力、思想力）领域中。例如，假若一个人具有执行者（具有行动力的角色）的特点，他就不再具有明显的完成者（同样是具有行动力的角色）的特点，而会具有领导力、社交力或思想力的角色特征。假若一个人同时具备协调者（“红脸”）和塑造者（“白脸”）的特征，他就有可能成为最理想的团队领导；如果同时具备执行者和完成者的特征，那交给他做的事通常都会很好地完成。而现实中这样的情况并不多见，所以，一个具有协调者特点的人和一个具有塑造者特点的人形成的管理团队效果通常就会比较好。在这个讲求速度和效率的时代，团队如果能招到复合型人才，那当然是最为理想的。

基于以上分析，贝尔宾的“团队角色理论”并不是说一个团队必须至少由 8 人组成，而是说至少由 4 人组成。根据贝尔宾的最新研究，一个高效团队还应拥有一个同样具有思想力的“专家”（Specialist）角色，但这一角色并不是团队内部必需的角色，可以适时通过外部聘请（如顾问/咨询公司和专业人员）来实现。正如真正团队的5P特征所说，团队能够拥有这样的专业人士最好，起码在团队需要时，能及时将最好的专家、专业资源整合进来。

不同团队类型所需的主要团队角色倾向也应该有所不同（见表3-3）。

表3-3　不同团队类型所需的主要团队角色倾向

团 队 类 型	所需主要团队角色倾向
高层管理团队	协调者、塑造者、创新者
中层管理团队	协调者、塑造者、评估者
基层管理团队	协调者、塑造者、完成者
顾问型团队	专家、信息员、评估者
执行型团队	执行者、完成者、凝聚者、评估者
创意型团队	创新者、信息员、专家

贝尔宾的“团队角色理论”为团队组建提供了一般原则。

- 团队成员通过两种方式帮助团队实现目标：职业（功能、专业技术）角色和团队角色。
- 团队需要成员的职业角色与团队角色达到平衡。
- 如果团队成员能够正确认识到自己和其他人相比在扮演某个团队角色时所具有的相对优势，并据此对自己的行为做出相应的调整，整个团队的效率就会有所提高。
- 个人性格特征不同，所适合扮演的团队角色也就不同。
- 只有在所需的团队角色都具备的情况下，团队内部才会有合作的气氛，团队也才能充分发挥其成员的技术优势。

贝尔宾的“团队角色理论”适用于员工招聘、团队组建、团队重组和团队培养。团队缺什么角色，可通过招聘和培养手段来完善。

能力构成

高效团队，不论是哪种类型，都必须拥有为实现团队目标所需的能力。

- 专业技术能力：包括专业知识、经验、技能等。
- 解决问题能力：包括计划和执行、流程管理、绩效管理、项目管理、资源整合、问题分析与决策、变革与创新等能力。
- 人际关系能力：包括人脉关系的建立、人际关系的协调、团队成员的服务意识、团队的相互协作配合等能力。

想一想，团队在完成一个项目时，这三方面的能力是不是缺一不可呢？

与时俱进

一个团队要保持成功，不能故步自封，必须与时俱进，而这就需要团队具备不断变革和创新的能力，而这样的能力又必须以高效团队的基础——文化氛围作为保证。

在这个瞬息万变的时代，一不留神，你的团队就可能落伍了，被淘汰了。所以，团队需要经常对其团队文化、人员组成和能力构成进行反思，在整个团队中建立起危机和变革意识，形成居安思危的变革文化以及不断挑战现状的创新传统，从而使团队能够适时做出适应外在变化的调整和变革。

创新来自创意，而创意首先来自员工。创新的团队必须创造一种追求卓越的氛围，让每个成员都深信：没有最好，只有更好。尊重每个人的想法，不轻易下结论，不轻易否定，以开放的心态去倾听。因为越奇特的想法，越可能埋藏着创新的种子，越可能孕育出创新的果实。

只有这样，团队才能健康、长久、高效地成长和发展。

团队发展过程中的管理重点

美国塔克曼教授的团队发展理论指出，团队的形成和发展一般会经历以下 5 个阶段。

- 形成期（Forming）。
- 震荡期（Storming）。
- 规范期（Norming）。
- 高产期（Performing）。
- 调整期（Adjourning）。

团队发展各阶段的主要特征和管理工作重点如表 3-4 所示。

表 3-4 团队发展各阶段的主要特征和管理工作重点

团队发展阶段	主 要 特 征	管理工作重点
形成期	• 个体成员转变为团队成员 • 开始讨论共同目标 • 成员相互了解与信赖不足 • 对团队未来充满期望	• 打消成员的顾虑，诸如： ➢ 为什么我要加入这一团队 ➢ 组建这一团队的意义是什么 ➢ 我真认为这一团队要完成的任务重要吗 ➢ 别人会理会我的意见吗 ➢ 我对团队会起到很大的作用吗 • 建立相互间的信任 • 确定目标、规范和每个成员的责任
震荡期	• 成员的个性冲突出现 • 意见产生分歧 • 个体目标与团队目标不相协调	• 加强沟通 • 为员工提供教练式辅导 • 为实现团队和成员个人的发展目标提供支持，从而激发成员的工作热情 • 监督、控制执行状况，保证责任到位，流程顺畅，规范落实

续表

团队发展阶段	主 要 特 征	管理工作重点
规范期	• 成员相互加深了了解，开始形成默契 • 目标更加一致 • 适应了团队规范的要求，行动趋向协调	• 激励与授权 • 建立并巩固坦诚开放的团队文化氛围 • 更加关注成员的能力发展
高产期	• 团队为实现团队目标形成合力 • 成员相互信任，相互支持，从工作中获得了成就感 • 成员个体得到了成长，充满自豪感和满足感	• 保持危机意识 • 建立学习型的团队文化 • 鼓励创新
调整期	• 团队完成了任务，承接新任务或解散 • 成员对团队有了归属感，甚至依恋感 • 团队解散时，成员可能会有失落感 • 调整期可能会过渡到一个新的团队的形成期	• 奖励、认可团队成绩 • 反思、总结团队工作的经验和教训，供组织学习和参考 • 为优秀成员提供进一步发展的机会

虚拟（远程）团队的管理

虚拟或远程团队，其成员间的协作不能经常以面对面的方式进行，而是必须借助诸如互联网、电话等现代通信手段（虚拟空间）进行沟通和交流。虚拟团队的成员可能来自不同的国家和地区，甚至相互之间从未谋面。

虚拟团队与传统的大家经常能凑到一起的团队的不同主要体现在以下方面。

- 团队成员的文化背景和习惯更加多样化，所以对团队的工作规范和期望也就更容易产生分歧。

- 沟通和交流对通信技术的依赖更强，所以成员间的相互磨合就会需要更长的时间。
- 团队协作程度更加依赖于团队领导的领导水平。

虚拟团队常见的问题如下。

- 成员间相互缺乏信任和理解。
- 对团队的沟通方式、决策程序以及冲突处理缺乏行之有效的协调和控制。
- 对现代通信工具缺乏必要和足够的培训，从而造成沟通与交流更加不畅。
- 团队领导力不足。

虚拟团队的领导所面对的管理挑战远远大于传统团队的领导。要遥控好团队成员，虚拟团队领导必须注意以下几点。

- 设定团队的共同目标和规则，并让成员认可和执行，对于虚拟团队来说是一项更艰巨的工作。仅有电话会议或网上交流是不够的，应该尽力创造团队成员“见面”的机会。
- 同传统团队相比，短期目标的实现对虚拟团队来说更加关键。因此，虚拟团队应在一开始就确定一些成员都很看重的短期目标，并尽快达成，从而树立成员对团队的长久信心。
- 每一次非面对面的团队会议以及与团队成员的个别沟通，都要留心成员对团队的信心度及热情度，保证每次交流都是双赢的结果。

团队带给我们最大的满足在于其能够产生的1+1＞2的“统合综效”。统合综效是人类活动的最高境界——人们在其中享受团结协作的快乐，体验差异碰撞出的火花，领略人类潜能创造出的伟大！作为团队领导，你不希望自己的团队达到这样的境界吗?

思考

- 你的团队目前处于什么阶段？主要特征有哪些？
- 你所在团队 5P 特征和 4C 基础做得如何？
- 你的团队应该进行怎样的改善？

收获及行动计划

主要收获	在工作和生活中 如何应用	怎样检验应用 （知行合一）的效果
1.		
2.		
3.		
4.		
5.		
……		

功夫四

执行力

没有执行，企业或团队的任何愿景、使命、目标、战略和价值观都只是空中楼阁。如果企业整体执行力差，要想改善必须先从管理机制和企业文化入手。而作为管理者，你也必须从自身找原因。所以，执行力不佳，要么制度有问题，要么管理者有问题，要么就是二者皆有问题！

本门功夫的要领

- 执行力的含义
- 企业执行力的 3 项管理保证
- 企业执行力的文化保证
- 员工执行力的基础
- 员工执行不到位的 18 个原因
- 管理者如何确保执行到位

执行力的含义

执行力是指按计划落实、朝着预期目标和结果行动的能力。

执行力不代表结果一定成功。有些工作没有先例可循且具有创新意义，但这不意味着这样的工作就不能讲求执行力。执行力的前提是要有计划，只要有计划的工作，哪怕是创新性工作，也需要有执行力。

企业中的工作通常都需要有计划，计划与企业的目标和战略相关，所以，执行力关系着企业目标和战略的实现，是企业发展必备的核心能力。

企业执行力的 3 项管理保证

正如功夫一“管理与领导力”中所言，能够通过管理机制、手段解决的问题，就尽量不要靠人的领导力去解决，执行也是如此。企业的执行力首先需要管理保证作为基础，至少包括以下 3 个方面：可执行的战略、易执行的运营机制和善执行的人员。

可执行的战略

可执行的战略并不意味着不具备挑战性，而是说企业高层在制定目标和战略时，要用合适的方式，拥有足够的理由，让负责执行的各级管理层理解、认可和接受，就如通用电气制定年度战略时采用的群策群力的方法。这需要通过建立战略制定的管理机制来保证。

易执行的运营机制

易执行的运营机制是指组织架构合理、工作流程顺畅、岗位职责明确、规章制度完善，确保权责匹配，信息及时，流程简明。

高效的运营机制必须具备以下 4 个特征。

- 决策到位：决策人明确，避免推诿。
- 责任到位：责任人明确，确保赏罚分明。
- 协作到位：团队、部门协作顺畅，边界合理。
- 激励到位：保证成员全情投入，士气旺盛。

善执行的人员

有些人天生就是有行动力的，如功夫三“高效团队建设”中贝尔宾团队角色里的“执行者”和“完成者”。但一个企业中如果只有这两种角色的人，结果可想而知。

企业既需要具备执行力的人员，也需要具备领导力、社交力和思想力的人员。所以，企业的人才机制要确保选、用、育、留愿意并有能力执行的人。

企业执行力的文化保证

企业执行力还需要以企业文化为保证。

- 员工要有“说到必须做到”“承诺了就不要有借口”的信条。
- 员工要有执行的行为习惯。
- 管理者是执行的楷模，是执行力的监督和促进者。

员工执行力的基础

企业的管理机制再完美，它也还是外在的刺激或促进因素。执行最终依靠的是员工的态度和行为，员工的内因最终发挥决定作用。我发现，员工如果具备了以下基础，那么员工的执行力就不会是令管理者特别头疼的一件事。

- 员工热爱从事的工作。
- 员工热爱所在的团队。
- 员工热爱直接的领导。

员工热爱从事的工作

员工如果热爱自己从事的工作，人职匹配，他会想方设法把工作做好。而若他不喜欢自己的工作，当然就容易得过且过，差不多就行。

员工热爱所在的团队

当一个员工对所在的团队有归属感和荣誉感时，他就不会因自己的工作绩效和执行不到位而给团队抹黑。

员工热爱直接的领导

当员工敬重和喜爱自己的直接领导时，他也不愿意因自己的执行不力给领导丢面子。

可见，以上员工执行力的基础都是员工执行力的内在动力。作为管理者，你在这 3 个方面做得如何呢？你的员工具备这些基础吗？要想保证员工有执行力，他们至少得具备其中的一个基础，当然具备所有的基础是最为理想的。

员工执行不到位的 18 个原因

管理机制再完善严密，企业文化再深入人心，员工执行力的基础再饱满深刻，实际工作的计划也不可能面面俱到，员工执行也就难免出现疏漏。这时，管理者的领导力就需发挥作用了。

要想弥补计划的不足，管理者需要了解和明确员工执行不到位的可能原因，以便对症下药，防患于未然。

员工执行不到位的可能原因主要有以下 18 个。

1．不知道应该做什么。

员工的岗位说明主要描述该岗位的日常职责。负责什么和应该做什么不是等同的概念。例如，负责安全或客服不等同于知道安全或客服具体的工作内容。你希望员工积极主动或努力创新，员工真的知道他应该做些什么才能符合你的期望吗？所以，管理者在布置任务或提出期望时，倘若不与员工沟通应该具体做些什么，尤其是任务当中应实施的关键行为、动作，那么执行就有可能不到位，尤其当员工是新手或对要完成的任务不够熟悉时。

2．知道应该做什么，但不知道不应该做什么。

光知道应该做什么有时候还不够，还应该知道不应该做什么。例如，销售或客服人员在面对客户时那些坚决杜绝的行为，对企业来说十分重要。涉及安全、财务等有风险的工作，不应该做什么也必须非常明确。

3．不知道为什么要做。

不知道工作或任务对客户、公司、部门、团队尤其是对员工自身的意义、作用和价值，员工没有动力做，何谈执行到位?

4．不知道怎么做。

不知道怎么做的原因包括没有操作说明；没有培训直接上岗；培训没有针对性和实操性；管理者自己也不知道怎么干，没法对执行者讲清楚。

5．完成后的结果标准不明确。

员工不清楚工作完成后衡量结果的标准，只能依赖管理者和员工各自的想象。

6．要做的太多，不容易记住。

要完成的工作太多，流程不清晰，又没有科学、合理、简便的记录方法，所以容易忘事、落事。

7．要做的太多，不知道主次和轻重缓急。

执行不到位不仅体现在工作结果上，工作过程也很重要，因为许多工作，尤其是重大项目是分阶段的。这样一来，工作内容就会有先后、主次和轻重之分，对工作结果也会产生直接影响。

8．不知道应该何时做：何时开始，何时结束。

有时候管理者交代工作，员工知道了为什么做，该做什么，怎么做，也知道了工作完成后的衡量标准是什么，但就是没明确时间。由于员工的手头还有其他工作，所以管理者向他要结果时，要么他还没开始那项工作，要么那项工作还没有收尾。

9．员工认为你的方法无效，采用自己的方法。

员工只是认为你的方法无效，也没有尝试，就按自己的方法行事，你们之间又缺乏沟通，结果是执行出现偏差。

10．做时无检查。

员工对工作的理解同结果的预期并不一致，而在工作过程中又缺乏跟踪和检查，导致员工认为自己在正确地执行。

11．完成后无反馈。

做得好无鼓励，做得差无处罚，干好干坏差别不大。人学好不容易，可学坏很容易，坏榜样的力量经常比好榜样的力量还大。坏榜样怎能让执行到位？

12．努力做反而有负面结果。

管理者其实内心看重那些勤恳努力的员工，可这样的员工因为干得多，失误的概率就会大。而管理者如果不讲方式方法，当着他人的面批评努力的员工，而且因为不愿失去员工而把有油水的好机会给了表现本来不够好的人（管理者出于眼不见为净、肥水不流外人田的心理），无功之人却受禄，那么就会挫伤努力的员工的积极性，影响团队的执行力。

13．同事不配合。

如果需要协作配合的工作，同事不给力，干起来不顺畅，当然执行也很难到位。

14．个人原因。

生病、女员工在孕期、离婚、丧偶、酗酒等员工个人的生理、健康原因，情感、家庭问题，不良习惯等，都会影响员工的执行力。

15．要求不现实。

工作要求大大超出员工的能力和权限范围。例如，企业除通过实体店外还通过自己的网站销售，如果给网站设计人员设定很高的创收指标，这样的要求就不太现实。

接下来的3条原因又回到了员工执行力的基础的3个方面。

16．员工不喜欢你的管理方式。

员工内心抵触你的领导风格和管理方式，与你对着干。

17．员工不喜欢团队氛围或一起共事的同事。

员工因不喜欢团队而不配合他人工作。

18．员工厌倦了自己的工作。

员工因职业倦怠而得过且过，不思进取。

管理者如何确保执行到位

针对员工执行不到位18个原因的对策

针对员工执行不到位18个原因的管理和领导力对策如表4-1所示。

表4-1　针对员工执行不到位18个原因的管理和领导力对策

员工执行不到位的原因	企业管理机制改善点	管理者领导力改善点
1．不知道应该做什么	1）给员工的工作说明应更加具体 2）定期调整、完善	1）布置工作后与员工沟通，确认其对工作的理解 2）重要工作应让员工制订具体行动计划，过目确认
2．知道应该做什么，但不知道不应该做什么	同上	1）布置工作时应强调 2）确认员工谨记在心
3．不知道为什么要做	重大项目、工作必须文字说明其对客户、企业的意义	1）说明工作对本部门、团队的意义 2）与员工一起探讨该工作对员工职业和个人发展的价值

续表

员工执行不到位的原因	企业管理机制改善点	管理者领导力改善点
4. 不知道怎么做	完善培训内容和方法体系	1）确认员工完成工作的信心 2）帮助员工提升能力 3）对于无先例的工作，与员工一起探讨方法。放手让员工做的同时，作为管理者的你要承担责任
5. 完成后的结果标准不明确	制定易于衡量的绩效指标	1）向员工明确工作结果衡量指标 2）确认员工对衡量指标的理解和认可
6. 要做的太多，不容易记住	1）流程清晰，可视化，便于理解、记忆 2）提供项目管理培训	1）帮助员工将工作分出阶段、条理化 2）教员工掌握可视化计划工具
7. 要做的太多，不知道主次和轻重缓急	提供时间管理培训	帮助员工梳理工作内容，分清先后、主次、轻重
8. 不知道应该何时做：何时开始，何时结束	如通过提供项目管理培训，提升员工项目管理意识	向员工说明时间节点
9. 员工认为你的方法无效，采用自己的方法	明确创新工作与需要落实的工作间的区别	1）鼓励员工的创新精神，适时让其参与创新工作 2）向员工强调该落实的工作要保证按时完成，有自己的想法，必须得到你的认可方可实施
10. 做时无检查	1）重要工作必须有相关部门或人员跟踪检查 2）完善绩效管理机制	1）工作开始前就要明确过程中的重要里程碑和检查点 2）严格落实检查点的工作
11. 完成后无反馈	明确奖惩手段，完善激励机制	1）及时表扬好的榜样 2）对不良表现及时反馈 3）奖惩力度到位、兑现到位
12. 努力做反而有负面结果	同上	同上
13. 同事不配合	健康的企业文化建设	健康的团队文化建设
14. 个人原因	明确上岗要求	及时了解员工个人生活现状，合理安排工作

续表

员工执行不到位的原因	企业管理机制改善点	管理者领导力改善点
15．要求不现实	制定标准和要求时主客观因素全面考虑	充分考虑员工的现实差距，制定有挑战性但合理的工作目标和要求
16．员工不喜欢你的管理方式	完善领导力培养机制	提高自身领导力（学习本书功夫一“管理与领导力”）
17．员工不喜欢团队氛围或一起共事的同事	健康的企业文化建设	1）健康的团队文化建设 2）帮助员工提高其情商
18．员工厌倦了自己的工作	完善员工职业生涯规划与管理	1）帮助员工提高工作责任感 2）为员工提供、寻找工作转型机会

善于执行的管理者的7个行为习惯

拉里·博西迪（Larry Bossidy）、拉姆·查兰（Ram Charan）和查尔斯·伯克（Charles Burck）在合著的《执行》一书中，总结归纳了善于执行的管理者通常都具备的7个行为习惯。

- 了解自我。
- 了解企业和员工。
- 实事求是。
- 设定目标及其优先顺序。
- 跟进。
- 奖优罚劣。
- 培养员工。

仔细推敲，其实这7个行为习惯可以同解决以上执行力问题的管理者领导力改善点相对应。

- 了解自我：至少可以对应第16个——提高自身领导力。领导力提升始于自我管理，而自我管理首先要有自我认知，这样才能更好地利用团队成员所长，补己之短。

- 了解企业和员工：可以对应几乎所有 18 个。
  - ➢ 对应第 1～4 个，因为了解员工，所以管理者可以在布置工作时更有针对性地与员工沟通。
  - ➢ 对应第 15 个，因为既了解企业，也了解员工，管理者可以制定更现实、合理的工作目标和结果要求。
- 实事求是：至少可以对应第 11 个和第 15 个。对于第 11 个，因为实事求是，管理者可以奖罚分明。对应第 15 个的理由同以上“了解企业和员工”的理由一样。
- 设定目标及其优先顺序：至少可以对应第 5～7 个，有助于设定工作结果标准及员工对工作内容多少、先后、主次和轻重的把握。
- 跟进：至少可以对应第 10 个，管理者适时检查工作的进展情况。
- 奖优罚劣：至少可以对应第 11 个和第 12 个，管理者为员工提供应有的激励。
- 培养员工：至少可以对应第 4 个和第 18 个，管理者为员工提供培训、培养机会以及职业生涯规划。

有了执行力，企业无难事！作为管理者，你的执行力够强了吗？

思考

- 你的企业整体执行力如何？优点和缺点各有哪些？
- 你的团队执行力如何？哪些改善之处需要你来主导？
- 你作为管理者在执行上的领导力如何？你需要做出哪些改善？

收获及行动计划

主要收获	在工作和生活中 如何应用	怎样检验应用 （知行合一）的效果
1.		
2.		
3.		
4.		
5.		
……		

功夫五

绩效沟通

员工的绩效管理是每个管理者必须承担的责任。绩效沟通贯穿绩效管理的始终。管理者同员工的绩效沟通水平，很大程度上体现其绩效管理能力，会直接影响该管理者甚至该企业的绩效管理效果。

本门功夫的要领

- 绩效管理过程、作用和管理者责任
- 绩效沟通常用模型：GROW
- GROW 在绩效合约（目标）制定阶段的应用
- GROW 在绩效合约实施（目标达成）阶段的应用
- GROW 在绩效考核评估阶段的应用

绩效管理过程、作用和管理者责任

做好绩效管理，管理者首先要明确目标管理与绩效管理之间的区别和关系。从广义上讲，目标管理属于组织的战略层面，其理论来源为彼得·德鲁克提出的“目标管理”，关注的是组织应制定什么样的目标，如何制定目标，常用的方法如平衡计分卡。从狭义上讲，目标管理是指员工在制定绩效合约（不同组织对绩效合约的叫法有所不同，如绩效协议、工作承诺等）时，如何为自己确定下一个绩效管理周期的工作目标和个人发展目标，这时的目标管理就成了绩效管理中的一部分。

而绩效管理属于执行层面，关注的是组织成员如何实现组织目标。因此，广义的目标管理是绩效管理的前端，从而形成如图 5-1 所示的绩效管理过程。

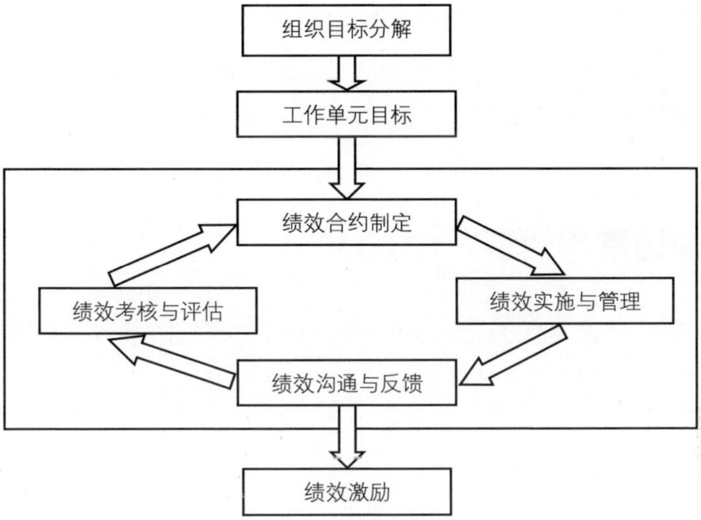

图 5-1　绩效管理过程

接下来，还要明确绩效管理与绩效考核的不同。从图 5-1 我们可以看出，绩效考核只是绩效管理的一个环节。许多公司把绩效管理等同于绩效考核，这是绩效管理的最大误区，也是招致员工对绩效管理反感和抵触的主要原因之一。绩效考核只注重员工是否完成了组织所要求的工作目标，而绩效管理更加强调员工在实现工作目标的过程中是否得到了发展。因此，真正的绩效管理涵盖员工的工作目标和个人职业发展目标两个方面，而这两个方面，在员工与其主管签订的绩效合约中必须体现出来。

我把绩效合约中的员工工作目标部分称为“挤奶篇”，员工个人职业发展目标部分称为“喂草篇”。绩效考核关注的是挤员工的“奶”。你只“挤奶”，而不给员工“喂草”，员工怎能不抱怨呢？你要想从员工那里挤出特仑苏级别的奶——为企业做出最好的贡献，你就应当让他们吃到高质量的有机牧草——为其个人发展提供相应的支持。

绩效管理则能帮助实现组织与员工的双赢。对于管理者来说，绩效管理能力体现其领导力水平；而对于员工来说，绩效管理督促其更好地进行自我管理。

管理者在绩效管理中的责任包括向员工传达企业目标；与员工共同制定绩效合约；记录员工绩效表现；与员工进行绩效面谈，给予反馈；给予员工绩效辅导和教练；对员工实施考核和评估；配合组织对员工实施激励。

绩效沟通常用模型：GROW

GROW 沟通法是优秀企业常用的一个行之有效的绩效沟通方法，为绩效沟通提供了一个简明清晰的逻辑结构。这一沟通方法包含 4 个步骤（见表 5-1）。

表 5-1　绩效沟通常用 GROW 模型

沟通目的/目标（G）	
现实状况（R）	
应对方法（O）	
员工意愿和承诺（W）	

第 1 步，G（Goal）代表沟通目的 / 目标，管理者每次与员工进行绩效沟通时，一开始一定要说明沟通的原因或要取得的成果。

第 2 步，R（Reality）代表现实状况，管理者同员工一起实事求是地分析现实状况，包括长处、不足、挑战和问题等。

第 3 步，O（Options）代表应对现实状况的不同方法，管理者运用提问等方式与员工共同探讨来获得。

第 4 步，W 有多种不同的说法，如 Willingness、Way-forward、Wrap-up 等，但归结到底都是指员工下一步的行动计划，而且是其真实的意愿和承诺。如果不能取得员工的行动承诺，那么本次的绩效沟通就是无“果”而终了。

绩效沟通大体可分为 3 个阶段：绩效合约（目标）制定阶段、绩效合约实施（目标达成）阶段、绩效考核评估阶段。GROW 模型适用于各阶段的绩效面谈、沟通和反馈。

GROW 在绩效合约（目标）制定阶段的应用

俗话说，好的开始是成功的一半。绩效合约（目标）制定阶段，主管与员工双方就员工应专注的工作目标、责任与考评标准达成共识，认清问题或阻碍因素，确定员工个人发展计划。绩效目标是绩效考评的依据。绩效合约（目标）制定阶段的沟通是否有效将直接影响绩效周期结束时对员工的绩效考评结果。

我们来看一看某公司市场部总经理孙总是如何运用 GROW 沟通法同他的直接下属——大客户部经理李巍共同探讨李巍的工作目标的（案例 5-1）。这里还请大家注意的是，除了 GROW 沟通法以外，孙总是怎样向李巍提问的。

案例 5-1

人物：李巍，某公司大客户部经理

孙总，市场部总经理，李巍的直接主管

孙：李巍，总经理办公会已经确定了我们公司下半年的业绩目标。这几天我会分别与你们几个部门经理落实一下我们市场部下半年的工作目标，尤其是你们各自的目标。你也知道，今年上半年成立你这个大客户部主要是为了能有一批人专门为大客户服务。目前大客户已经有十几个了？

李：13 个。

孙：可这 13 个大客户的销售额却占了整个公司销售额的 20%，而且今后的比例还会更高。这半年来，你们部门很辛苦，工作的成绩不小。

李：我觉得目前的工作还有许多值得改进的地方。比如说，对大客户管理的工作规范还不够明确，有些工作到底是由我们部门还是由企划部门负责经常说不清，所以有的大客户出了问题不知道该找谁。

孙：嗯，这些情况我也有所了解。所以，下一步就想以你为主来完善《大客户管理规范》。你有什么想法呀?

李：我认为现在的《大客户管理规范》对责任的划分不够到位，流程上也有混乱的地方，比如说现在的付款方式手续复杂，客户觉得麻烦，我想我们有必要简化程序，让客户感到满意。

孙：这当然好！你看多长时间能把新的《大客户管理规范》做出来?

李：如果现在就开始做，8 月下旬应该差不多。

孙：那好，8 月 20 号把初稿交给我，8 月底最后定稿，你看有问题吗?

李：目前没有问题。不过，我觉得如果按照下半年的销售目标，我这里的人手比较紧，最好能尽快再招一些人来。

孙：该招人的时候我们肯定去招。你觉得现有人员的工作状态都怎么样?

李：孙总，这也正是我所考虑的。对大客户的销售我们是否可以从个人方式转变成小组方式？我认为以团队的形式为大客户提供服务能更好地留住他们。

孙：那你不妨把大客户部的内部结构重组一下，形成若干个项目小组，把人员按照各自的优势和特点组合起来。

接下来再考虑补充人员的问题。而且随着工作重点向大客户这边的转移，其他部门也会有一些员工转到你这里来。

李：那好吧，我现在就着手进行部门重组，争取在9月初能按照项目小组的方式运作。

孙：另外，企划部正在牵头建立公司的客户数据库，我想大客户这部分主要还得靠你们。

李：我们也觉得客户越来越多，必须有相应的管理手段跟上，我们一定配合做好这项工作。

孙：关于建立数据库，你有什么想法吗？

李：我认为，这套数据库一定要操作简便，让业务人员感到它是工作中的一个得力帮手。他们平时都很忙，大多数人都不喜欢复杂的操作系统，所以在数据管理方面一定得考虑他们的特点和需要。

孙：我同意，还有什么其他的建议吗？

李：还有就是一定要注意数据库与公司管理信息系统的接口。以前我们也开发过数据库，但接口不好，很多时候数据都要重复录入，非常麻烦。另外还要注意数据的安全性，毕竟这些数据都属于公司的机密。

孙：你说得对，我只补充一点，要设计一些能够做深入统计分析的功能模块，以适应对业务进行深入分析的要求。好吧，就按照我们谈的去做。企划部会拿出整体方案，具体的协调工作由你们双方配合完成。

李：好，我们会全力配合。

孙：那么，按照我们今天的讨论结果，你自己先拟定一份绩效合约，本周末前交给我，好吗？

李：好，我这就开始准备。

我们来总结一下孙总是如何按GROW沟通法与李巍沟通的（见表5-2）。

表5-2　GROW模型在绩效合约（目标）制定阶段的应用

沟通目的/目标（G）	落实下半年的工作目标
现实状况（R）	• 大客户的销售额占整个公司销售额的20%，今后的比例还会更高 • 大客户管理工作规范不明确 • 人手紧 • 大客户数据库不完善
应对方法（O）	针对以上4个现实问题，共同探讨解决方案
员工意愿和承诺（W）	李巍表示全力配合其他部门，并立即着手起草绩效合约

除了GROW沟通法以外，孙总还有效运用了教练式提问技巧。

孙总在与李巍探讨不同的应对方法时，经常做的是先向李巍提问，而且这些提问问的多是开放型问题和想法型问题，在李巍有了思路后，才给出自己的建议和想法，这是孙总作为领导者的高明之处。绩效管理的作用之一就是提升员工的自我管理能力，提问就是管理者帮助员工提高这一能力的必要技巧。绩效管理做得好的管理者，通常都是教练式领导；而善于提出启发性和有洞察力的问题，正是教练式领导的核心特征。要想更有效地提问，认真学习功夫六“教练式辅导”。

让我们再来看看孙总运用GROW沟通法后，李巍制定的绩效合约中工作目标示例（见表5-3）。李巍工作目标的最终确定需要与张总进一步沟通后完成。

表 5-3　绩效合约工作目标示例

绩效期：2016 年 8 月 1 日—2017 年 1 月 31 日

工作目标	主要产出	完成期限	关键绩效指标（KPI）	评估来源	权重
完善《大客户管理规范》	修订后的《大客户管理规范》	2016 年 8 月底	• 大客户管理责任明确 • 大客户管理流程清晰 • 大客户的需求管理，规范中得到体现	主管评估	20%
调整部门内的组织结构	新的团队组织结构	2016 年 9 月 15 日	• 能够以小组的形式面对大客户 • 团队成员的优势能够进行互补和发挥	主管评估 下属评估	10%
完成对大客户的销售目标	• 大客户的数量 • 销售额 • 客户保持率	2017 年 1 月底	• 大客户数量达到 30 个 • 销售额达 2.5 亿元 • 客户保持率不低于 80%	销售记录	50%
建立大客户数据库	大客户数据库	2016 年 12 月底	• 大客户信息能够全面、准确、及时地反映在数据库中 • 有与整个公司管理信息系统的接口 • 保证数据安全 • 使用便捷 • 具有深入的统计分析功能模块	主管评估	20%

练习 5-1

背景信息：假设李巍已就下一绩效期自己的工作目标与孙总达成共识，接下来便要制定其个人职业发展目标，这样才能完成李巍完整的绩效合约。他们二人都认为李巍的谈判能力有待提高，准备把这一点反映在其个人职业发展目标中。

问题：如果你是孙总，将如何运用 GROW 模型与李巍沟通其提升谈判能力这一个人职业发展目标？

员工绩效出现问题，原因可能是多方面的（见表 5-4）。个人职业发展目标主要用来预防由于员工个人能力不足可能引起的绩效差距。

表 5-4　员工绩效问题原因分析表

影响绩效的因素		是	否	不确定	采取何措施
管理因素	1．对绩效结果的期望是否清晰				
	2．工作重点及优先度是否明确				
	3．进度安排及期限是否明确				
	4．时间和资源是否充足				
	5．应有的支持是否到位				
动力因素	6．对该项工作的态度是否积极				
	7．对该项工作是否有足够信心				
	8．其他方面的绩效是否良好				
	9．该项工作的价值是否交代清楚				
	10．是否有激励机制				
	11．对不良绩效是否采取措施				
技能因素	12．所需的相关技能过去是否有所展现				
	13．是否提供了相应的培训、辅导或实践机会				
	14．是否完成工作任务的唯一方法				
其他因素	15．是否有其他需要考虑的阻碍因素（如健康、非工作相关的情况、行为不当等）				
	16．该员工是否适合这一工作				

表 5-5 是绩效合约中员工个人职业发展目标的一个示例。

表 5-5　绩效合约中员工个人职业发展目标示例

员工姓名：刘力　　职务：销售代表　　部门：大客户部　　直接主管：王军

有待发展的项目	发展的原因	目前水平	期望水平	发展措施与所需资源	评估时间
客户沟通技巧	与客户沟通是销售代表的主要工作，本人在此方面有较大欠缺	客户沟通评估分数 2.5 分	3.5 分	• 参加“有效的客户沟通技巧”培训 • 自己注意收集和体会客户的反馈 • 与优秀的销售人员一起会见客户，观察学习他人与客户沟通时好的做法	6 月中旬
产品专业知识	销售人员需了解较多的产品专业知识，本人以前对这些方面的知识接触甚少	产品专业知识评估分数 3 分	4 分	• 阅读有关的书籍、资料 • 参加产品部举办的培训班 • 多向他人请教	4 月月底
撰写销售报告	销售人员需要以书面的形式表达销售情况，与主管和同事交流信息	销售报告评估分数 3 分	4 分	• 向他人学习撰写销售报告 • 主管人员给予较多的指点	6 月月底

主管在绩效合约（目标）制定阶段与员工的沟通还应注意以下几个方面。

- 沟通前准备好必要的信息，如企业整体情况、部门或团队状况、员工的岗位说明及上一期绩效考评结果等。
- 沟通的方式可以选择先集体动员，再个别讨论；或者采取一对一形式。
- 沟通时间应确保主管和员工双方都能全身心投入，避免打扰。环境和气氛尽可能宽松，如小型会议室，有助于员工畅所欲言。
- 沟通过程中，主管应对员工说明企业整体目标、本业务单位目标、为达到业务单位目标对员工的期望，以及员工应达到什么样的绩效标准。

- 员工对主管则要表达自己对工作目标和如何完成工作的认识、对工作的疑惑和不理解之处、对工作的计划和打算、在完成工作中可能遇到的问题和需申请的资源，以及个人发展方面的规划。

GROW 在绩效合约实施（目标达成）阶段的应用

员工的绩效合约一旦签订，主管必须注意避免在实施过程中陷入以下管理误区。

- 认为实施过程是员工自己的事，因此不闻不问，很少关心员工的工作进展。
- 走另外一个极端，对员工的工作事无巨细地进行监督。

员工其实希望能在绩效合约实施（目标达成）过程中与主管保持沟通，但又不希望主管婆婆妈妈，所以绩效管理的度要把握好，这需要管理者不断培养自己因人而异的管理艺术。

不同公司绩效考评的周期也不尽相同，短的 1 个月，最长为 1 年。在员工绩效目标达成的过程中，管理者同员工的绩效沟通随时都可能发生。在这个阶段，管理者应通过沟通及时掌握员工目标完成进展情况，为员工提供针对性的反馈和辅导，对绩效目标做出必要的调整，从而帮助员工积极主动地达成绩效目标。

管理者对下属有问题的表现进行反馈通常是绩效沟通中的难点。阅读下面的案例 5-2 时，除了关注张经理 GROW 沟通法的运用外，也请大家学习他是如何提问的，另外请注意他是如何做到同理心倾听的。

案例 5-2

人物：张新（男），经理

王秀芳（女），下属

张：秀芳，找你来是想和你谈谈咱们团队的工作效率，特别是你的工作对阿尔法项目进度的影响。

王：好啊，张经理。你应该看得到我工作一直都很努力。

张：是啊，你的专业水平大家有目共睹，你为团队也付出了很多，只是目前我们团队的进度一直落后于计划的日程。

王：难道你认为这是我的责任？

张：秀芳，我不是说这是任何个人的问题。我找你是希望我们能一起商量让你的工作更有效率的方法，这样你不仅能完成分内的工作，还能有时间去做自己喜欢的项目，这样可以吗？

王：那好吧。但我不认为我这边有什么问题。你是知道的，我完成我分内的工作，而且做得很好，然后交工。如果别人不能把自己的工作做好，我也没办法。

张：我注意到的是，在过去的 3 周里，当大家需要你提供阿尔法项目的每日测试结果报告时，你都没有完成，这已发生了多次。

王：张经理，我确实不喜欢做阿尔法项目的相关报告，太花时间，也非常枯燥！本来报告一周做一次就足够了，可客户却要求我们一天一次，太荒唐了，然而我们却同意了。

张：所以，你是因为客户的这种要求而感到不爽了，是吧？

王：你这样说还算轻的呢。不过，你倒是理解我的心情。在过去的三个星期里，我的工作除了阿尔法，还是阿尔法！五点下班回家前，这是我唯一能做的，太熬人了！

张：参与这样的项目确实可能会让人觉得很烦。阿尔法看起来确实像个漫长的项目，挑战很大。

王：这个项目当然很让人烦！张经理，它到底什么时候能完成？

张：我也在想这个问题呀！我真的需要你的帮助。你知道，测试结果的整理非常关键，夜班成员必须最晚五点拿到报告，这样才能找出问题根源，安排好他们晚上的工作。我需要你每天下班前召开一次团队会议，为他们汇总报告结果，这样他们就能加快测试进程了。

王：什么？你是要让我必须在完成其他工作的同时完成报告，还要待到五点之后？这太不合理了吧！你要知道我工作之外还有生活！为什么不能让其他人做这些？

张：秀芳，我当然不想让你感到不合理。你确实是做这个日常报告的最佳人选。你设计的格式能让我们快速找到需要的信息。我们可以来看一下你现在的工作量，看看是否能做些调整？

王：没什么可以调整的，尤其是还要为做这种报告而调整。

张：秀芳，我需要你来做这个报告。我不希望你压力过重。我也希望你能有时间做你有兴趣的工作。但同时，我必须确保阿尔法项目的完成。你确定你不能在做其他附属项目的同时达到我提出的要求，是吗？

王：喔……我明白你说的“附属项目”应该是指我现在从事的有关制药行业检验协议的研究工作，对吧？

张：我确实想到了这个。进展得怎么样了？

王：这套协议规则真的很好。我认为它可以应用在我们马上要进行的贝塔项目中。离最终成果应该不远了，但还需要一些时间，这就是我为什么每天五点就得走的原因。我有个在医药系统工作的朋友，他在协助我建立相关联系。如果我真的为了阿尔法项目而放弃了这项研究，那对我们整个团队来说都是一个损失。

张：这个协议听起来的确很吸引人，我也不希望你放弃它。感谢你能在下班之后还花时间在这上面。那你还有没有什么别的建议，可以使你能一边继续这个研究，一边完成测试结果的整理？按时完成报告和每天下班前召开团队会议还是你的责任啊！

王：我真是不知道怎么办……等一下，我现在还不能做什么承诺，或许我可以问一下我的朋友，看看我们能不能每天早上会面。如果他可以，你也同意的话，那我可以早上晚一点来，这样我就能继续搞研究，整理报告并主持会议。你觉得可以吗？

张：嗯，这可能是个办法。问题是你晚来的话会不会影响你早上的工作安排？

王：不会太影响的。我会仔细考虑一下我的日程安排，看看需要做哪些调整。我会在下班前给你答复，可以吗？

张：秀芳，这个建议真的很不错。你帮我把报告和团队会议的问题解决了，那我就能集中精力去考虑我们团队其他需要改进的方面了。这样一来，阿尔法项目很快就能大功告成啦。

王：我不敢说阿尔法项目是不是真能早点结束，但我乐意尽我所能。

张：这次谈话很有成效。我们来确定一下接下来的工作。

王：我今天会给我的朋友发邮件。如果我们能在早上会面，从明天开始我就可以按新的日程安排工作。我会尽一切努力在五点之前完成报告。不过今晚你可不可以帮我开团队会议？

张：好的，没问题。还有，我们能不能下周一或周二找个时间碰个头，看看你是怎样应对增加的工作量的？

王：可以呀。我会看一下我的日程表，今天下午给你打电话约定时间。谢谢你能今晚帮我开会。

张：不用谢，也谢谢你的配合。你提出的方案会十分可行的，真的很棒！

我们来看张经理是如何运用 GROW 模型给予下属绩效反馈的（见表 5-6）。

表 5-6　GROW 模型在绩效合约实施（目标达成）阶段的应用

沟通目的/目标（G）	帮助下属提高工作效率，不仅使其能按时、保质完成阿尔法项目的相关工作，还能有时间去做自己喜欢的工作
现实状况（R）	• 下属在过去 3 周里多次未能按时提供测试结果报告 • 下属对此项工作安排不满，但在工作分配时和分配后并未找主管沟通
应对方法（O）	主管通过聚焦责任（“按时完成报告和召开每晚的团队会议”）和提问（“我们可以来看一下你现在的工作量，看看是否能做些调整？”“你确定你不能在做其他附属项目的同时达到我提出的要求，是吗？”“那你还有没有什么别的建议，可以使你能一边继续这个研究，一边完成测试结果的整理？”），启发而不是命令，帮助下属找到了如下可行的解决方案：每天早上同朋友一起做“附属项目”，晚点儿到办公室继续搞研究，整理报告并主持会议
员工意愿和承诺（W）	• 员工尽管怀疑阿尔法项目是不是真能早点结束，但乐意尽其所能 • 员工表示如果能与朋友早上会面，从第二天开始就可以按新的日程安排工作，并尽一切努力在五点之前完成报告

张经理又是如何运用同理心倾听的呢？同理心倾听体现出对对方行为和情感、情绪的理解，虽然并不一定认同。一旦对方在沟通中出现情绪性反应，不论这种情绪是积极的还是消极的，都应尽力做到同理心倾听。张经理的同理心倾听表现如下。

- 当下属表示不喜欢做阿尔法项目的相关报告时，张经理没有急于否定，而是运用了同理心回应：“所以，你是因为客户的这种要求而感到不爽了，是吧？”

- 当下属对阿尔法项目的情绪还没有完全平息时，张经理仍不急于解决问题，而是继续运用同理心回应："参与这样的项目确实可能会让人觉得很烦。"
- 当下属描述"附属项目"的重要性及她必须五点离开的原因后，张经理看出了下属对这一项目的热情，用同理心方式回应道："这个协议听起来的确很吸引人。"然后，用认同的方式表示："我也不希望你放弃它。感谢你能在下班之后还花时间在这上面。"

在工作中需要运用同理心倾听的时机很多，因为员工在有困惑、难题，或者十分兴奋、激动的状态下，最希望同主管去沟通。一个人带着情感、情绪来与你沟通，如果不解决其情绪上的问题，是很难让他理性地去思考需要解决的问题的。同理心倾听就是架设在感性通往理性之间的一座奇妙的沟通桥梁。要做到同理心倾听，你的回应一定要表达出对对方的情感。

练习 5-2

听到对方以下表达，你将如何做出同理心回应？

1."他们总是得到好项目，而你给我的项目总是那么没新意。"（口气有些气愤）

2."质量控制真的是那种能让我着迷的工作。我很喜欢发现和解决问题。而且这一工作能让我接触到不同的领域。我就不爱整天在办公室坐着。"（十分兴奋地）

（参考答案见本章结尾）

在绩效合约实施（目标达成）阶段，管理者应对员工的出色表现及时加以表扬和鼓励。同时，对员工问题表现的反馈也应客观、及时，如案例 5-2 中张经理做的那样，帮助员工正确地认识到自己的问题，并让员工勇敢地承担起解决问题的责任；帮助员工认识到自己绩效方面的切实差距，确定提高绩效的方法；给员工施加尽可能小的压力。

比较以下两种沟通方式，看哪种方式更易于员工接受。

- “小刘，你接电话的方式真是太唐突了，你需要从现在开始接受职业化的训练。”
- “小刘，我正在关注你在电话中与顾客的交谈方式，我想和你讨论一下。我注意到你讲话的速度相当快，因而，我担心对一些顾客来说，可能很难理解你所表达的意思，毕竟你比顾客更了解、更熟悉情况。”

很显然，第 2 种沟通方式更有效。因此，管理者在绩效沟通中应避免和采用的表达方式如表 5-7 所示。

表 5-7　管理者在绩效沟通中应避免和采用的表达方式

避　　免	采　　用
判断性语言 “你怎么干出这么蠢的事情来？”	描述性语言 “你能解释一下为什么会这样吗？”
权威性态度 “我们必须这样做才能准时完成任务。”	支持性态度 “要准时完成任务，你有什么建议吗？”
优越性表现 “你刚来多长时间呀，能比我更有发言权吗？”	平等性表现 “我们一直都这么做，可我想听听你的意见，看我们是不是能做得更好。”
独断专行 “别再多说了，这就是最好的解决办法。”	能接受他人建议的方式 “这是我所能想到的最好的解决方法，你看还有什么别的办法吗？”

对员工表现做记录是员工绩效合约实施（目标达成）阶段管理者的必要工作。员工需要准确的事实作为绩效沟通、面谈、辅导、考评和改进的依据。

管理者在做员工表现记录时，应确保所收集和记录的信息与员工关键绩效指标密切相关，如员工工作目标或任务的完成情况、来自客户的正面或负面的反馈、突出的或有问题的行为表现等。

管理者还应鼓励员工自己记录本人的工作成绩。我在企业做管理者时，就为本部门员工制作了员工本人月度工作总结模板（见表5-8），包括本月的主要工作及成绩、面对的主要挑战、主要收获、发现的改善及创新机会和下月主要工作 5 个方面。部门每个员工的月度工作总结都能在公司的网络平台上相互分享，这样就避免了每个人夸大或缩小自己工作成绩的可能。再结合我对每个员工工作表现的观察、了解和记录，这样在给员工绩效反馈和评估打分时，就更容易做到公平和公正。

表 5-8 员工本人月度工作总结模板

____年____月

主要工作及成绩： •	面对的主要挑战： •
主要收获： •	发现的改善及创新机会： •
下月主要工作： •	

GROW 在绩效考核评估阶段的应用

绩效考评阶段沟通的目的是帮助员工总结成绩和不足，为下一个绩效管理周期做好准备。考评结果则可用来作为员工激励方案的依据。

看看案例 5-3 的绩效考评面谈做得怎么样。

案例 5-3

人物：方总，某集团公司总经理助理兼人力资源部部长

小罗，人力资源部部长助理，负责员工培训、绩效考核、薪酬管理等工作

根据公司绩效考核制度的规定，方总需要与小罗进行绩效考评面谈，来对小罗上一绩效期的工作进行总结。方总刚出差回来，离公司规定的考核截止日期没有几天了，于是，他匆匆把小罗叫来做考评面谈。

方（打电话）：喂，小罗吗？哪儿呢？到我办公室来一下。

罗（匆匆赶来）：什么事呀？我这里很忙，这个月的培训计划有点调整，正和相关部门进行沟通。

方：那个事先缓缓，咱们的考核截止时间快到了，这个工作是我们部门负责的，自己要是没按时完成，怎么去催其他部门呢，你说是吧？

罗：考核嘛，我做的事情您反正知道，您看着办吧，别让我们吃亏就好。

方：你的工作好坏我当然心里有数，但程序还是要走，你先把上半年的工作谈一下吧。

罗（瞪眼）：我不是已经把工作总结交给您了吗？

方（惊讶）：是吗？什么时候？我找找啊（寻找，终于找到）。哦，你的这个工作总结写得比较简单，你还是讲讲吧。

罗：我也没做准备，（稍微犹豫）我用一下这个吧。（从方总手中接过工作总结，开始讲）在领导的支持和帮助下，我基本上完成了预定的关键绩效指标，工作总结上有数据，也有相关说明，您自己看吧。至于关键行为指标（KBI），我的工作做了很多，也很忙，失误也是有的，主要是因为本人思想上不重视、工作能力有限。接下来我准备继

续努力、发扬成绩、改掉缺点，争取更上一层楼（做无辜状）。唉，方总，反正我的工作您也是知道的，我也不多说了。

方：小罗，你的工作我心里有数，你的成绩我也看得到，但是，你的缺点也有很多。比如，上次去生产部开会的时候，林总就反映上个月的培训计划到现在还没有收到。人家没有培训计划怎么做培训，这是你的责任吧？

罗（做气愤状）：那个事情我也解释过了，我是太忙了给忘记了，我又不是故意的，这您也知道的，我手头那么多工作，一时忙不过来，忘记了也是能理解的吧？我下次记住就是了，在以后的工作中多加注意，不再犯这样的错误了。

方（点头）：反正类似的事情以后你要注意，我以后不想再听到这样的理由，好吗？还有，最近绩效考核的工作开展得也很不好，很多部门的考核不能按时完成，考核结果也不能及时汇总，绩效分析做得也很马虎，这怎么解释呀？（语气加重）

罗：最近绩效考核工作开展得不好，这又不是我一个人的责任，是各个部门的部长不严格执行制度。有制度不执行，故意拖延，我也催过，但是效果不理想，我也没有办法。

方：这个我知道，但我记得我好像和你说过，让你在每次考核的时候都要全程参与，旁听考核面谈的过程并做好记录，形成书面报告。但是好几个月过去了，我一份报告也没看到，而且我还了解到，你每次参加其他部门的考核面谈屁股还没坐热就走了，根本没有用心，就凭这一点，KBI 的这一项就得给你扣分！（做发火状）

罗：您要这样说我也没有办法，您是领导。

方：小罗啊，工作上有失误不算什么，但不要推卸责任。你的成绩我也看得到，反正绩效考核也是走个形式。关键是接下来你有没有明确的改进计划。

罗：您要给我一个方向，你们上面不定下来我们怎么做啊？（这时，电话铃响）

方：我们先谈到这吧，反正我们也谈得差不多了，我会一碗水端平的。我这边还有些急事。不过，我看你上半年的绩效奖金肯定要受影响了！

罗：随您便吧。（摔门走了出去，边走边说）方总怎么这样说呢，我没有功劳还有苦劳呢，什么领导啊！

方总在这段沟通中至少存在以下几个问题。

- 认为绩效考评面谈只是走形式，这一认识竟还发生在他作为人力资源部部长的身上。
- 面谈准备不充分。
- 只谈员工缺点，而无正面鼓励。
- 反馈无依据，更多依靠的是道听途说。
- 只关注问题，而不探讨问题原因和解决问题的方法。
- 未对下一绩效期的工作做出安排。

…………

当然，这段沟通并非一无是处。起码方总和小罗还是敢于面对工作中出现的问题的。

在正式开始绩效考评面谈前，管理者应做到以下几点。

- 选择适宜的时间。
- 准备适宜的场地。
- 计划好面谈的程序。
- 充分准备好面谈资料，包括员工的岗位说明书和绩效考评表，员工日常工作表现记录以及员工每项工作的完成情况和打分情况、下一阶段的工作目标等。

员工应做好以下几项准备。

- 表明自己绩效的资料和证据。
- 个人发展计划实施情况。
- 打算向主管提出的问题等。

为使绩效考评公平、公正，管理者在与员工沟通时，要做到以下几点。

- 优点和缺点并重。
- 鼓励员工说话并认真倾听。
- 避免对立和冲突。
- 集中在员工绩效，而不是其个性特征。
- 关注员工发展，而不仅仅是过去的失误。
- 对员工表示出信心，以积极的方式结束沟通。

正式的绩效考评面谈还需要管理者对面谈内容进行记录。记录的内容重点突出、充分准确，并需员工确认。记录的内容不仅面谈双方都能读懂，过后第三方也能读懂，以免未来发生劳动争议。

案例 5-4 中的人物仍是案例 5-3 中的方总和小罗。这次双方都做了有针对性的准备工作。方总拟订了面谈计划，准备了小罗的岗位说明书、业绩考核表、绩效记录等资料，并安排小罗准备自己上一绩效期的业绩记录、工作总结。让我们来看看这一次方总是如何与小罗进行绩效考评面谈的。

案例 5-4

方（打电话）：小罗，你的工作总结我看过了，我们明天上午需要进行绩效考核面谈，明天上午 9 点在小会议室可以吗？

罗：好的，我会准备好的。（第二天是周三，上午 9 点，小罗带着整理好的相关资料走进小会议室。）

方：小罗你好，请坐，我正等你呢。你的工作总结我已经看过了，你的绩效记录我也仔细看过了，这次考核公司很重视。我希望通过这次交流能对你的工作有一个客观的评价。当然，这次面谈更主要的目的是总结经验，以便于你更好地做好下一绩效期的工作。我希望能通过这次面谈帮助你改进绩效，这也是公司推行绩效管理的根本目的。我希望我们的面谈不要偏离了这个方向。

罗：好的，方总，我明白您的意思。正好我对接下来的工作有些想法，希望也借此机会和您沟通沟通，听听您的建议。

方（微笑）：太好了，我们开始吧！你先谈谈上半年的工作情况。

罗（拿起工作总结）：那我就根据工作总结的提纲来回顾一下我的工作。（小罗用了 5 分钟时间汇报完了自己的工作。）

方：上半年你在培训计划的制订、培训的组织实施、培训的总结等几个方面的工作都做得不错，培训计划能按时发到各部门，培训的纪律抓得也比较好，出勤率都很高，另外培训总结分析得也很详细，我很满意，这些是你表现好的方面，希望能在以后的工作中继续发扬，把这些工作做得更好。有一个问题需要同你沟通一下，是关于绩效考核数据的汇总。最近绩效考核数据的汇总老是出差错，很多员工来投诉这个事情，搞得人力资源部的工作很被动。这是你负责的工作，我想听听你的想法。

罗：这确实是个困扰我的问题，我注意到绩效薪酬专员 Excel 使用得不是很熟练，速度慢，公式还经常出错，如果能对她进行这方面的培训，或许可以提高考核数据汇总的准确性。

方：很好，既然你注意到了问题的原因所在，我想这是可行的。你打算如何对她进行培训呢？

罗：财务部门的 Excel 用得不错，我将联系财务部门让他们对该绩效薪酬专员进行培训，使她快速掌握这项技能。

方：我同意。这样，我们就对以上问题达成了一致，我也都做了记录，你把这项工作列入你的绩效改进计划表好吗？上半年你的工作总体来说成绩是主要的，下半年你应该细化一下你的工作任务目标，加强和其他部门的沟通。我希望看到你在下半年实际工作中的改进和提升。

罗：我这边还有些工作想法，我想在讨论下半年工作计划时再详细确定。

方：好的。小罗，作为你的领导，我也想听听你对我的工作有什么看法。

罗：方总，我很感谢您对我的一贯支持。我有两个建议，请您参考一下：第一，因为您参加公司高层决策比较多，当公司有一些工作关系到人力资源部的工作目标调整时请给我及时明确一下；第二，我也知道您比较忙，但是有时候人力资源部有些工作需要其他部门配合支持时，希望您多给予这方面的协调。

方：十分感谢你的建议。你提的这两个问题很重要，我会在今后的工作中注意这两方面的改进。

罗：那我就太感谢了！

方：你看还有什么需要与我沟通的吗？

罗：暂时没什么了。

方：好，那我们今天就谈到这里。下半年你的绩效合约，本周五能否交我？

罗：好的，我周五中午以前将连同绩效改进计划一起发给您。

方（微笑）：谢谢你的配合！

罗（微笑）：也谢谢您对我的信任和鼓励！我回办公室了……

如表 5-9 所示，案例 5-4 中方总是这样运用 GROW 模型同小罗进行绩效考评沟通的。

表 5-9　GROW 模型在绩效考核评估阶段的应用

沟通目的/目标（G）	对小罗的工作做出客观评价，分析问题原因和对策，为下一绩效期工作做准备
现实状况（R）	• 小罗自我总结 • 方总对小罗培训方面的工作加以肯定 • 方总指出小罗绩效考核数据汇总方面的不足
应对方法（O）	方总通过提问了解问题原因，并征询小罗对解决问题的想法。小罗提出的让财务部培训绩效薪酬专员的建议得到了方总的认可。方总还利用此次沟通机会征求小罗对自己工作的意见和建议
员工意愿和承诺（W）	小罗将在周五前将绩效改进计划及下半年绩效合约交给方总

从以上案例可以看出，绩效沟通其实是条双行道，是管理者和员工相互学习、加深了解、增进信任、共同进步的过程，是实现组织和员工之间双赢的有效手段。要做好绩效沟通，管理者必须力求自信、自重、坦诚和公正，这样才能使其与员工的绩效沟通具有感染力、说服力和必要的威慑力。

思考

- 你所在的企业绩效管理工作开展得如何?
- 你与员工绩效沟通的主要难点是什么?
- 本门功夫对你做好绩效管理有怎样的帮助?

收获及行动计划

主要收获	在工作和生活中 如何应用	怎样检验应用 （知行合一）的效果
1.		
2.		
3.		
4.		
5.		
……		

【练习5-2参考答案】

1.“他们总是得到好项目，而你给我的项目总是那么没新意。”（口气有些气愤）

同理心回应：“看得出来，你对我的工作分配很生气。”

如果说话者的表情和语气没那么激烈，你的同理心回应可能就会是：“听得出来，你对我的工作分配有些不满。”

2.“质量控制真的是那种能让我着迷的工作。我很喜欢发现和解决问题。而且这一工作能让我接触到不同的领域。我就不爱整天在办公室坐着。”（十分兴奋地）

同理心回应：“看来你对这个工作很满意，简直就像为你量身定做的！”

功夫六

教练式辅导

员工加入组织通常有两大共性需求：一是完成组织要求的绩效，从而获得能够体现自身价值的报酬；二是促进个人的职业发展，从而实现人生诸多方面的理想。与之相对应的是管理者的两项基本职责：带领团队实现组织的业务目标，帮助员工获得能力的不断提高。教练式辅导便是一种能够兼顾二者的管理技能。杰克・韦尔奇认为，一流的领导人是最伟大的教练。

本门功夫的要领

- 教练技术应用于管理的起源
- 企业教练的含义和类型
- 教训式管理与教练式管理
- 教练式辅导必须拥有的信念
- 教练式辅导阶段/策略 1：赢得信任
- 教练式辅导阶段/策略 2：激发承诺
- 教练式辅导阶段/策略 3：发展能力
- 教练式辅导阶段/策略 4：持之以恒
- 教练式辅导阶段/策略 5：营造文化

教练技术应用于管理的起源

“教练”一词源于匈牙利的一个生产四轮马车的小镇的名字，意思是“四轮马车”或“长途车”。教练确实是一段旅程，由人来决定方向的旅程。

20 世纪 70 年代初，美国网球教练添・高威（Timothy Gallwey）在其开办的暑期培训班中发现，临时代课的、过去很少接触网球的滑雪教练教授网球的效果反而比专业网球教练还要好，原因在于，该教练在教授前，提醒学员多关注球——目标，而不是动作，而且多问学员诸如“你的身体如何调整才能接住飞来的网球”这样开放式、启发性的问题。这种教练手法被高威发展成为一种不同于传统的“教练示范，运动员模仿”方式的教练技术。

这种教练技术首先被 AT&T 引入企业后，逐渐成为优秀企业的管理者普遍采用的、有效的领导手段。

企业教练的含义和类型

企业教练的含义

企业教练的含义须从“教练”作为名词和动词两个角度去理解。

教练作为名词，有三种含义。

- 指一种身份。员工的直接主管是员工的“法定”教练。
- 指一种关系和过程。管理者通过与员工建立教练关系，帮助员工发现自身优势和不足，激发员工改变的潜能和意愿，从而实现其绩效、职业目标和人生目标。
- 指一种启发性领导和管理方式。企业教练的本质在于“授人以渔”而非“授人以鱼”，即经理人在管理员工时倾向于不直接给员工答案，而是帮助员工学会和掌握自己找到答案的方法。

教练作为动词，是指那些有助于经理人激发员工的潜能、动力和自主性的行为和技巧，主要包括以下内容。

- 观察。观察辅导对象的行为、习惯、个性倾向、兴趣爱好等。
- 倾听。通过倾听了解辅导对象的沟通方式、思想和情绪。
- 提问。通过提问了解辅导对象的想法、建议和解决方案。
- 区分。帮助辅导对象透过问题表象识别出需要改善、提高的某种（些）能力。

- 反馈。为辅导对象提供建设性反馈。

其中，提问是教练最核心的技能。

案例 6-1 可以帮助你更清楚地认识什么是教练式管理者。

案例 6-1

什么是教练式管理者

一位深受下属信任的经理发现，一位下属最近几天总显得有些魂不守舍，从而影响了工作。他找到这位下属了解情况，得知这位下属几天来一直为自己 4 岁孩子的体重不达标犯愁。这位下属已经向专家和许多家长咨询过，得到的结果各不相同：有的说是大问题，会影响孩子今后的健康和智力发育；有的说根本不用在意。这位下属拿不定主意到底该听谁的好。经理知道，该下属在家是模范丈夫和父亲，在公司是优秀员工，另外，他的职业目标是成为职业经理人。面对这种情况，作为管理者该怎样处理呢？

有些经理会对这位下属表示同情和理解，同时指出该下属不应因私事而影响工作，然后同下属一起想办法使其孩子的体重达标。也许这样的经理在许多人眼里已经是好上级了。可这样做还只是处于“授人以鱼”的阶段，因此这样的管理者还不能被称为教练。

那么这位经理是怎么做的呢？他认真倾听完下属的讲述，确实指出了该下属不应因此而影响工作，接下来却并未过多关注孩子体重的问题，而是帮助下属再次意识到他对家庭的责任感以及成为职业经理人在他职业目标中的重要性。不仅如此，这位经理还帮助下属深刻地意识到，要实现这些重要目标，果断决策的能力必不可少。所以，该经理通过这件事帮助下属发现了对于其实现个人目标更加重要的决策能力不足的问题。接下来的工作便是这位经理帮助下属运用各种学习方法提高这项能力。这样一来，该下属今后在工作和生活中再处于类似需要选择和决策的关头时，就会更好地自主决策了。这位经理是在实践“授之以渔”，所以他就是在做企业教练的工作。

还有一种可能，就是这一事件让该下属重新思考希望成为经理人的职业目标。从他的个性特点来看，他作为管理者的适合度差距很大，改善的挑战性也很大。如果经理通过进一步沟通，使下属将自己的职业目标调整得更为可行，那这位经理其实也是在为员工提供有效的教练式辅导。

从以上案例可以看出，教练式管理的关注点不仅在于解决问题，更在于预防问题的发生。它是一种激励员工提高自主能力的管理方式，既能有效提升员工的工作满意度，又能提升企业的整体管理效率。而教练式管理者必须做到以下几点。

第一，赢得辅导对象的信任，这样才能发现其真正的困扰和问题所在。

第二，关心辅导对象的内心需要和人生目标与追求，这样才能在辅导时激发其行动的动力。

同时该经理有效运用了教练式辅导行为和技巧，从下属的行为表象识别出与其重要目标相关的可进一步提高的能力，并为提高这项（些）能力提供可行的资源和方法。

教练与导师的区别

前面提到，员工的直接主管是员工的“法定”教练。

导师一般由员工根据自己未来的职业发展选择，可以是其直接上级，也可以不是。如果员工想纵向发展，导师通常由其直接上级的上级或岗位资深人士担任。如果员工想横向发展，导师一般由相关专业部门的资深管理者或岗位专家担任。导师运用的辅导技巧同教练是类似的。

表 6-1 列举了企业教练制与导师制的区别。

表 6-1　企业教练制与导师制的区别

	教　练　制	导　师　制
关系方	经理和下属	员工和其选择的资深人士
培养对象	可以是全体员工	主要是企业想重点发展和保留的员工
关注点	员工的本职工作	可以是员工的本职工作，也可以是员工未来的职业方向或有关人生的各方面问题
主动方	主动方是教练。经理发现员工有问题时，需主动对员工进行辅导。员工当然也可以主动寻求经理的辅导	主动方是员工——被辅导者。除定期交流外，一般由员工主动发起与导师的对话

企业教练的类型和教练时机

管理者在企业中可以担当不同类型的教练（见表 6-2）。

表 6-2　企业教练的类型

组 织 需 求	管 理 过 程	教练类型	教 练 目 标
确保符合岗位要求	招聘/任用	转型教练	帮助对象尽快适应新的角色
培养新技能	学习与发展	技能教练	帮助对象获得岗位要求的技能
确保完成绩效	绩效管理	绩效教练	帮助对象达到绩效要求，提高绩效水平
保证人才供应	继任管理	发展教练	帮助对象培养符合未来需要的素质
留住人才	职业生涯规划与管理	职业教练	帮助对象规划长期职业发展，增强职业满意度
组织有效发展	组织发展	管理教练	帮助对象培养领导、管理组织的全面素质

为满足员工达成绩效和个人职业发展的基本需求，管理者起码要成为绩效教练和职业教练，这应是每个管理者培养自身教练技能的起点。

另外，企业教练还有内部教练和外部教练之分。管理者作为企业的内部教练，优势在于以下几点。

- 了解组织文化及对员工的要求。
- 由于同员工的关系紧密，所以更易于发现辅导机会。
- 对员工辅导及时，同时针对性强。
- 对企业来说，这种培养员工的方式成本低而收益高。

然而，内部教练的培养，需要企业常抓不放。至少教练技术的培训应该是常规性的，管理者也应经常性地交流各自的教练心得，企业对教练发挥的作用要不断进行总结。

外部专业教练的优势在于：公正、客观，经验丰富，视野开阔。企业通常在引入教练机制且内部教练还不够成熟、可信度不高时，使用外部教练。长期使用外部教练的组织，辅导对象通常为高级经理人，以及组织重点培养的高潜力人才。外部教练一般发挥转型教练、发展教练或管理教练的作用。企业高管聘请的外部教练，通常具有丰富的教练经验，可以帮助高管更有效地面对复杂的情况。但外部教练的成本也会很高。

工作中需要教练辅导的机会随时都可能出现，具体情况如下所示。

- 员工寻求建议、帮助和支持。
- 承担新的项目或责任。
- 感到困窘或态度消极。
- 绩效波动或未达标。
- 在职业发展中遇到困惑。

以上这些情况，都是员工需要教练辅导的典型时机。

教训式管理与教练式管理

比较案例 6-2 和案例 6-3 两种管理方式。

案例 6-2

员工：经理，我想同您谈谈促销的事。

经理：怎么，促销活动进展得不顺利吗?

员工：进展得还可以，就是……

经理：那不就没问题了吗?

员工：也不是完全没问题。

经理：那到底是什么问题?

员工：其实也算不上什么问题。

经理：那你找我到底要说什么?

员工：东城的那家代理店……

经理：怎么了?

员工：他们似乎不太愿意配合这次的促销活动。

经理：什么? 怎么会这样?

员工：我……我也不太清楚。

经理：你不清楚? 这家代理店不是一直由你负责的吗?

员工：是我负责的。不过……其实他们也没有明确地拒绝，只是我感觉他们不太愿意配合。

经理：难道你不知道这家代理店在这次整个促销活动中的重要性吗? 为什么不早点儿向我汇报?

员工：我……

经理：别说了，你赶紧去安排，我得和他们负责人见面，弄清到底是怎么回事。

员工：好的……

案例 6-3

员工：经理，我想同您谈谈促销的事。

经理：进展得怎么样了？

员工：整体进展得还可以，只是有些细节让人不太满意。

经理：哪里出现问题了呢？

员工：东城的那家代理店似乎不太愿意配合这次的促销活动。

经理：有什么具体表现吗？

员工：促销的标识，我提醒了多次，他们才打出来，摆放的位置也不显眼，感觉他们的抵触情绪很强。

经理：那你认为怎样处理会比较好呢？

员工：我也拿不准。

经理：你希望东城的这家代理店做些什么呢？

员工：我当然希望他们能消除抵触情绪，与我们共同做好这次促销活动。

经理：那你打算怎样消除他们的抵触情绪呢？

员工：我可以与他们的负责人王经理好好沟通一下，了解一下他们有什么顾虑。

经理：还可以做些什么呢？

员工：进一步说明他们这家代理店在这次整个促销活动中的重要性，以及对他们的好处。

经理：有道理。还有什么其他想法吗？

作为员工，会更愿意接受哪种管理和沟通方式呢？案例 6-2 是教训式的，案例 6-3 是教练式的。

教训式管理通常以“管理者比员工高明”为假设，以管理者为中心，给员工的指令多、辅导少，员工处于唯命是从的被动地位。这种管理方式会导致员工不敢主动思考，行动缺乏积极动力，能力成长受到遏制。管理者在批评员工缺乏积极主动和负责的态度时，是否想过，自己平时过多地采取教训、“授之以鱼”的管理与沟通方式，也是导致这种结果的重要原因呢？

教练式管理并非排斥其他管理方式。其实，教练式管理者十分明确在何种情境下应该采用何种管理方法，正如功夫一“管理与领导力”中讲到的情境领导理论主张的那样。涉及企业的大政方针、文化和价值观，对员工提出指令以维护企业的经营原则相当必要。在危难或紧急时刻，如矿难出现或项目出现重大失误，涉事员工急需企业救助，管理者采取果断及时的解决措施（马上提供能解决问题的“鱼”而不是教员工如何“打鱼”），势在必行。然而，在多数情况下事情并不那么紧急，而且现今企业拥有的大多数是知识员工，教练式管理和辅导更能满足这类员工的工作诉求。

教练式辅导必须拥有的信念

不论哪种企业教练，要做好教练式辅导，都必须拥有如下信念。

- 每个人都具有极大的潜能。
- 关系到每个人的最重要的答案都必须从其自身去寻找。
- 为了找到这些答案，人们需要外界的协助。

教练式辅导便是外界协助的有效方法。这些信念可以追溯到古希腊哲学家苏格拉底的诘问式对话术。苏格拉底认为，人的智慧与生俱来，而智慧常常处于休眠状态。

最好的答案其实已在人心中，开启智慧的关键是问对问题。问对问题，是教练式辅导的核心！就连乔布斯（Steve Jobs）都说：“我愿意用我所有的科技去换取和苏格拉底相处的一个下午。”

下面就让我们一起来开启充满智慧的教练之旅吧！各种教练式辅导都可遵循以下 5 种策略。这 5 种策略也可被看作教练式辅导过程的 5 个阶段。

教练式辅导阶段/策略 1：赢得信任

前面提到，教练关系的主动方通常为管理者，当其发现员工出现问题时，需主动为员工提供辅导。若管理者尚未获得员工的足够信任，员工怎么可能心悦诚服地接受其辅导？教练的目标是帮助辅导对象挖掘其自身潜力并提升其自我解决问题的能力，出发点是了解辅导对象的思想和动机。员工如果对其主管缺乏足够的信任，他又怎么可能敞开心扉让主管真正了解他的内心？

因此，信任是教练关系的基础。赢得信任的能力其实也是管理者领导力的一个基本体现。管理者赢得员工的信任不一定容易，但要失去信任可在旦夕之间，所以管理者一定要珍视并维护好员工的信任。

想想你是否拥有快速赢得他人信任的撒手锏。善于赢得员工信任的管理者的经验包括以下几点。

- 新员工入职的第一天就让其感到温暖。
- 自信而不自负，敢于承认自己的不足和错误。
- 言行一致，信守承诺。
- 坦诚开放，开诚布公。
- 尊重他人，保守秘密。
- 一视同仁，公平公正。

倾听，尤其是同理心倾听，在教练式辅导的“赢得信任”的阶段十分重要。

同理心倾听

通常一个人什么时候或在什么情况下最希望找人沟通？对这个问题的多数答案是以下两种情形。

- 在有问题或困惑时。
- 在有情绪时，多为感觉不好时。

当然，当一个人遇到好事儿时他也很可能会奔走相告。

如果别人在这样的情况下来找你沟通，他最先希望从你这里获得的是什么？支持、反对、建议，还是批评？更多情况下，他最先希望获得的是理解。如果对方感到你不能真正理解他，他就很难接受你的任何建议或帮助。而理解，从同理心倾听开始。

同理心的意思是说，你能站在对方的角度考虑问题，能够理解对方为什么会有现在所表现出的思想或行为，但对其思想或行为并不一定认同。同理心倾听，就是别人在与你沟通时，你能不带偏见地表现出你是在真诚地倾听，设身处地理解对方的想法或行为，不急于表达自己的观点，在对方情绪平静下来后或明确表示希望获得你的意见或建议时，你再与其分享你的观点。同理心倾听不是被动地听，也不是抱着找出对方观点毛病的想法去听，而是带着开放、理解甚至欣赏的心态去听。

《高效能人士的七个习惯》一书中有一段非常经典的父子沟通案例，如案例 6-4 所示。案例 6-4 和案例 6-5 比较了是否运用同理心倾听的不同效果。

让我们首先来看一看未运用同理心倾听的效果。

案例 6-4

子："上学真是无聊透了！"

父：（父亲说：）"怎么回事？"（探究式倾听）

子："学的都是些不实用的东西。"

父："现在的确看不出好处来，我当年也有同样的想法，可是现在觉得那些知识还挺有用的，你就忍耐一下吧！"（评价式倾听）

子："我都已经耗了 10 年了，难道那些 $X+Y$ 能让我学会修车？"

父："修车？别开玩笑了。"（评价式倾听）

子："我不是开玩笑，我的同学王明辍学修车，现在月收入不少，这才有用啊！"

父："现在或许如此，以后他后悔就来不及了。你不会喜欢修车的。好好念书，将来不怕找不到更好的工作。"（评价式倾听）

子："我不知道，可是王明现在很成功。"

父："你尽了全力了吗？这所高中是名校，应该差不到哪儿去。"（探究式、评价式倾听）

子："可是同学们都有同感。"

父："你知不知道，把你养到这么大，你妈和我牺牲了多少？已经读到高二了，不许你半途而废。"（评价式倾听）

子："我知道你们牺牲很大，可是不值得。"

父："你应该多读书，少看电视……"（评价式倾听）

子："爸，唉……算了，多说也没什么用。"

以上沟通，父亲可谓用心良苦，但并未真正了解孩子的问题。让我们再来看一看运用了同理心倾听的沟通过程和效果，如案例 6-5 所示。

案例 6-5

子：“上学真是无聊透了！”

父：“你对上学有很深的挫折感。”

子：“没错，学校的东西根本不实用。”

父：“你觉得读书对你没什么用。”

子：“对，学校的东西对我不一定有用。你看王明，他现在修车的技术一流，这才实用。”

父：“你觉得他的选择正确。”

子：“嗯，从某个角度看确实如此。现在他收入不错，可是几年后，或许会后悔。”

父：“你认为将来他会觉得当年做错了决定。”

子：“一定会的，现在的社会，教育程度不高会吃亏的。”

父：“教育很重要。”

子：“对，如果高中都没毕业，一般找不到理想的工作，也上不了大学。有件事……我真的很担心，你不会告诉妈吧？”

父：“你不想让你妈知道？”

子：“不是啦！跟她说也无妨，反正她迟早会知道的。今天学校举行了阅读能力测验，结果我只有小学程度，可是我已经高二了！”

儿子终于吐露真言，原来他担心阅读程度不如人。此时才是父亲发挥影响力、提供意见的时刻。不过在开导过程中，依然要注意孩子言谈间所传达的信息。若是合理的反应，不妨顺其自然，但情绪性反应出现时，必须仔细聆听。

父：“我有个办法，也许你可以上补习班提高阅读能力。”

子：“我已经打听过了，可是每星期要耗掉好几个晚上！”

父亲意识到这是情绪性反应，又恢复将心比心（同理心）式的倾听。

父："补习的代价太高了。"

子："而且我答应同学，晚上另有节目。"

父："你不想食言。"

子："不过补习如果真的有效，我可以想办法跟同学另约时间。"

父："你其实很想多下点儿功夫，又担心补习没用。"

子："你觉得会有效吗？"

孩子又恢复了理性，父亲则再次扮演导师的角色。

感受到同理心倾听的作用了吗？正如案例中的儿子，人们更多是在有问题、困惑或有情绪时希望找人沟通，而此时人们首先希望从你那里获得的是理解。

怎样表现出你的理解呢？不要猜测，别急着下结论，也不要马上给出支持或反对的意见和建议，更不要批评，而是用同理心倾听的方式做出回应。因为同理心倾听后的回应，最易于对方感受到你理解他、真正地关心他。其他的倾听方式往往都是以你为沟通的主导，而同理心倾听，你是以对方为沟通的中心！教练式辅导就是以辅导对象——员工为沟通的中心。

同理心倾听的 3 种境界

同理心倾听有 3 种境界，如图 6-1 所示。

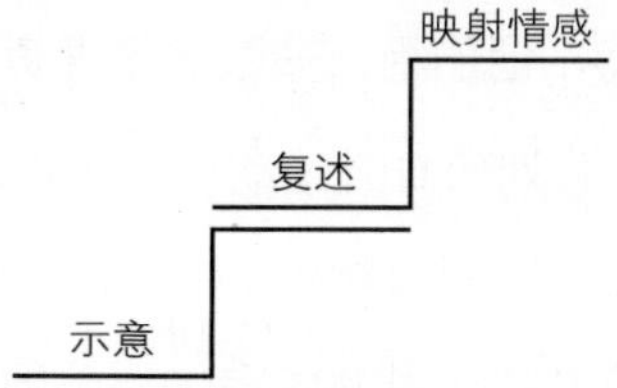

图 6-1　同理心倾听的 3 种境界

第 1 种也是基本的境界叫“示意”：你要用自己的面部表情、动作姿势等身体语言表现出你在真诚地倾听。

第 2 种境界叫“复述”：用你的话语复述对方所表达的意思，等候对方的确认。

第 3 种也是最高的境界就是直接“映射情感”：常用“听得出来”“看来”这样的说法引出你所能够体会到的对方的感受。

我们再来看一段对话，如案例 6-6 所示。

案例 6-6

主管：林娜，你请坐。你接手这个新项目已经有一个月了，感觉怎么样啊?

员工：我觉得很好，谢谢!

主管：那很好。新工作和你原来想的一样吗?

员工：是啊，差不多吧。

主管：那也很好啊！你现在的工作责任可比以前重多了。

员工：有时候我会觉得有压力，不过多数时候没什么问题。

主管：没有比你开始想的糟吧?

员工：呃，大概没有。只是我先生时不时有些抱怨。

主管：理解，我太太也抱怨我工作忙！你和同事相处得怎么样?他们工作是不是称职?

员工：当然，当然，他们绝大多数还是很负责的。

主管：难道你不觉得刘丽有时候动作慢了点吗？前任产品经理常向我抱怨她。

员工：刘丽是有点儿，不过我觉得她还是很仔细的……

主管：那是，那是。好了，看起来一切都进展顺利。你工作上有什么事需要我支持的吗？

员工：嗯……我想不出有什么。多谢你关心了。

主管：好，跟你谈谈真好。你不觉得吗？你如果有什么问题需要我帮助，或者有什么事情想要和我谈的话，随时都可以来找我。

员工：谢谢你，我会记得的。

这位主管的倾听存在什么问题？在这段对话中，哪里需要这位主管同理心倾听而他没有做到？是不是正因为主管平常就是这样总以自己为沟通主导的倾听和沟通方式，才使员工在沟通时也只想用“差不多”“大概”“当然”这样的话尽快了事呢？这样的沟通有价值吗？

在这段对话中，主管至少在员工表达“有时候我会觉得有压力，不过多数时候没什么问题”“只是我先生时不时有些抱怨”时，应做到同理心倾听。而他的回应却是“没有比你开始想的糟吧”（猜测式倾听）。“理解，我太太也抱怨我工作忙！你和同事相处得怎么样？他们工作是不是称职？”（些许同情，马上就转入了探究，但探究的是新的话题。）这样一来，员工还愿意同主管继续沟通吗？

如果主管运用了同理心倾听，效果会怎样呢？如案例 6-7 所示。

案例 6-7

员工：有时候我会觉得有压力，不过多数时候没什么问题。

主管：（示意：表情变得有些凝重）是吧，什么压力，说来听听。

员工：也没什么大问题，只是我先生时不时有些抱怨。

主管：（映射情感）看来这个项目给你的家庭生活带来一些困扰。

员工：是啊，黄经理，我一直想跟你聊聊我该怎么处理好目前工作和家庭的关系……

在生活和工作中需要运用同理心倾听的时机很多，因为人们多数会在有问题、困惑，或者需要情绪、情感宣泄的状态下希望同别人进行沟通。一个人带着情感、情绪来与你沟通，如果不解决其情绪上的问题，是很难让他理性地去思考需要解决的问题的。这样的情况在教练式辅导过程中经常会发生。同理心倾听便是架设在感性与理性之间的一条奇妙的沟通桥梁。

有关倾听技巧的更多内容可参考功夫五“绩效沟通”和《从职场新人到职场精英》一书中的功夫五——人际沟通。

员工发展的 5 个环节

管理者同员工一旦建立起相互信任的教练关系，就应将关注点集中于员工所处的发展环节。一个人在知识和能力方面要获得发展，通常需要经历 5 个环节（见图 6-2）。

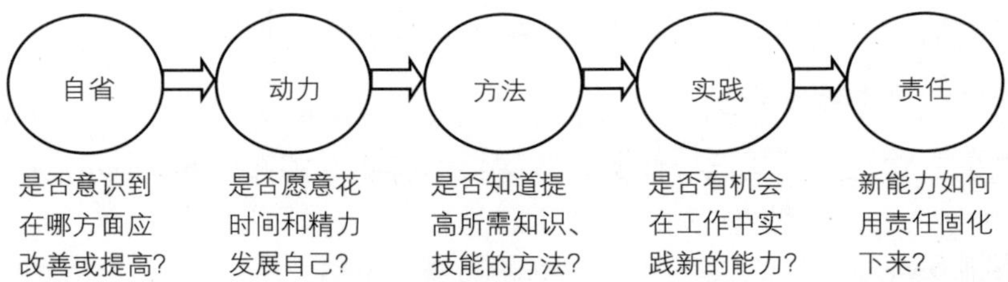

图 6-2　员工发展的 5 个环节

员工发展的 5 个环节给我们带来以下启示。

- 理想的辅导对象是那些已具备自省并有动力发展自己的员工，最难辅导的对象是那些缺乏自省，尤其是自以为是的员工。
- 企业应该招聘和任用具有发展意愿和动力的员工。

- 要实现员工的真正发展，必须为员工提供能够学以致用的实践和工作机会。
- 为避免人的惰性，学习到的知识和技能仅实践还不够，还要赋予责任和激励措施，才能将新知新会固化下来。譬如，这门教练式辅导的功夫在企业中如果同管理者的绩效管理责任（包括帮助员工实现工作目标和个人职业发展目标两个方面）不挂钩，教练式辅导就很难成为企业管理者共有的领导方法和技能。

帮助员工自省的方法如下。

- 360°反馈。
- 列举员工盲点的实例，让其反思。
- 为员工提供发现其盲点的练习机会，如采用录音或录像手段。
- 必要时严厉的训斥也可能是帮助员工自省的有效手段，当然，这样做必须符合“对事不对人”的管理原则。

另外，科学的测评工具也是帮助员工自省的有效手段。教练式辅导可以使用的测评方法和工具如下所述。

- 人生价值观。
- 工作价值观。
- MBTI。
- DISC（人类行为语言）。
- PDP（职业活力衡量系统中的人际风格测评）。
- 九型人格。
- 贝尔宾的“团队角色理论”。
- 评价中心等。

教练式辅导阶段/策略 2：激发承诺

辅导对象具备了自省和动力，同时还必须清楚自己的能力及达到目标的差距到底在哪里、差距有多大，这样才可能真正开始改善的行动。

GAPS 沟通法

在这个阶段中，管理者可采用 GAPS 沟通法确定员工的发展空间（见表 6-3）。

- G 代表 Goal：目标和价值观，可以是员工的人生、工作或其他方面的目标及相关的价值观。
- A 代表 Abilities：能力，为实现目标，员工目前的强项和弱项。

G 和 A 的信息主要来自员工本人的主观认知。

- P 代表 Perception：别人对该员工的看法和评价。
- S 代表 Standards：员工期望实现的目标的成功标准。

P 和 S 的信息主要来自他人反馈和客观的资料，如 360° 反馈、他人评价、胜任力模型、绩效标准、岗位说明等。

表 6-3　采用 GAPS 沟通法确定员工的发展空间

（该员工为研发人员，担任过项目经理）

目标和价值观（G）	能力（强项和弱项）（A）	
• 价值观： 　➢ 工作追求卓越 • 讲求事业、家庭平衡 　工作目标： 　➢ 成为软件部门经理 　➢ 拥有更多的自主权和决策权 　长远目标： 　➢ 独立管理部分业务 • 在团队中营造积极创新氛围	• 学习力强，主动积极，工作勤奋 • 擅长软件设计、项目管理、沟通和解决问题 • 较强的战略性思维和人际关系技能 • 需要提高财务管理、领导跨部门团队、影响平级人员和上级等方面的技能	本人主观认知

续表

他人评价（P）	成功标准（S）	
• 研发能力强，对本行业市场动向和竞争状况相当了解 • 不是一位有力的领导者，喜欢等待上级管理层做出决定，不善于表达和坚持自己的观点 • 影响力较弱，缺乏跨部门的领导经验	成为软件部门经理的条件： • 进行独立思考，在情况不明朗时对业务做出正确决策 • 了解和处理部门中的问题，对从市场、生产、工程、技术部门得来的信息积极采取应对措施 • 进行强有力的领导，特别是在领导跨部门项目时	外界客观认知

从表 6-3 我们可以看出，该员工成为软件部门经理的主要差距在于决策能力和团队影响力，这便为其提供了前进的方向和行动的基础。

管理者同员工的 GAPS 沟通并不需要一次性完成，也不一定是在工作时间进行，哪怕是在一起吃午餐时都可针对 GAPS 的某个方面进行沟通。最好是面谈，但每次面谈应选择和围绕 4 个方面中的一个侧重点深入进行。至于 GAPS 沟通 4 个方面的内容顺序并没有严格的规定，管理者可根据自己对员工的了解，决定什么样的顺序会效率更高、效果更好。

这一阶段的辅导，观察、提问和区分技巧尤为重要。

教练式辅导中的观察

管理者可通过观察辅导对象平时的言谈举止、兴趣爱好和行为习惯，推测辅导对象可能拥有的个性和价值观，包括生活和工作价值观。例如，员工不爱加班，但工作质量很高，可能反映其讲求工作效率以及工作、生活平衡的价值观；员工待人接物不卑不亢，可能反映其讲求平等的价值观；员工酷爱蹦极，可能反映其敢于或乐于挑战的个性。

教练式辅导常用的 4 种问题

提问是教练式辅导最为核心的技巧，因为它最能直接激发辅导对象的潜能。现代人每天被大量的信息、外部事务和外界诱惑所包围，思想的注意力很容易聚焦于外在世界，从而做出被动的反应和行动，而忽视内心的真正需求。

如果我现在提出这样一个问题："如果你现在没在读我这本书，你会在做什么呢？"

你的意识会朝哪个方向思考？是不是你的内心？你的脑海里会浮现出什么样的画面？这个问题会给你带来什么样的感触？

提问的一大作用就是能将人们平时关注外部的思维转变方向。如果人的思维总是朝向外部，那么永远也不可能发现自己的优势和潜力所在。如果员工总是观察上级的脸色，等待上级的命令，也永远不会发现自己处于休眠状态的潜能。管理者如能通过有效的提问引导员工，让员工的思维方向由外向内，员工就更容易发现自己的优势、挖掘自己的潜能。

表 6-4 列举了管理者与员工进行 GAPS 沟通中可提出的问题。

表 6-4　管理者与员工进行 GAPS 沟通中可提出的问题

目标和价值观（G）	能力（强项和弱项）（A）
• 你在生活中都有哪些角色 • 哪个角色对你来说最重要 • 你为自己的各种角色设定目标了吗？目标是什么 • 你理想的生活方式是什么 • 你对自己的未来有什么打算 • 你对自己的职业发展有何设计 • 你今年有什么目标或计划 • 实现这些目标对你来说意义有多大 • 什么样的工作你干起来动力十足 • 什么样的工作让你提不起精神	• 你认为自己有什么天赋 • 你擅长什么 • 你最想在哪些方面有所提高 • 过去发生的什么事让你特别自豪 • 在你已有的能力和资源中哪些可以帮助你实现目标 • 实现目标还需要哪些其他能力和资源 • 如果用三个词描述你自己的特点，你会选哪三个词

续表

目标和价值观（G）	能力（强项和弱项）（A）
• 你喜欢同什么样的人交朋友 • 聊一次你难忘的经历 • 你有什么样的做人原则 • 对幸福你如何理解	
他人评价（P）	**成功标准（S）**
• 你了解同事们对你的评价吗 • 你如何了解别人对你的评价 • 你在意什么人对你的反馈 • 你怎样看待别人对你的评价 • 别人给你的反馈对你的发展起过什么作用 • 你希望得到什么人对你的反馈	• 你对成功如何理解 • 实现你的目标需要具备什么条件 • 你如何知道自己已实现目标 • 什么因素阻碍你实现目标 • 你心中的楷模（偶像）是谁？为什么 • 你希望得到什么人的建议 • 你对自己成功的信心如何

G 和 A 的信息需要管理者通过与员工的深度沟通获得并确认。P 和 S 的相关内容不仅需要通过与员工沟通获得，还需要通过前面提到的其他渠道和方式广泛了解，管理者也应提出自己对员工的看法和有关成功标准的观点。

注意到表 6-4 中的问题有什么特点了吗？

- 它们大多是开放型问题，答案不能仅用是否、有无或同意与否来回答，所以会引发辅导对象更多的思考。
- 它们大都是想法型问题，每个人对这些问题都会有不同的答案，所以会引发辅导对象独立的思考。例如，“你今年有什么目标或计划”“对幸福你如何理解”“你对成功如何理解”。
- 将来型问题（有关未来打算）多于过去型（有关过去经历）问题。人的潜能是指那些还没有显露但将要显露的特征，以及将要发挥的能力。潜能指向未来，所以，将来型问题会引发辅导对象对自身优势和潜能的深入思考。例如，“你对自己的职业发展有何设计”“实现这些目标对你来说意义有多大”“实现目标还需要哪些其他能力和资源”。

- 它们大多是正向型问题，引发辅导对象对自身正面的思考。例如，“你认为自己有什么天赋”“别人给你的反馈对你的发展起过什么作用”“实现你的目标需要具备什么条件”。

这些都是教练式辅导最常用的问题。

让我们再回头看看案例 6-3 中的经理是如何运用这 4 种问题的，如案例 6-8 所示。

案例 6-8

员工：经理，我想同您谈谈促销的事。

经理：进展得怎么样了？（开放型问题）

员工：整体进展得还可以，只是有些细节让人不太满意。

经理：哪里出现问题了呢？（开放型问题）

员工：东城的那家代理店似乎不太愿意配合这次的促销活动。

经理：有什么具体表现吗？（开放型问题）

员工：促销的标识，我提醒了多次，他们才打出来，摆放的位置也不显眼，感觉他们的抵触情绪很强。

经理：那你认为怎样处理会比较好呢？（想法型问题，同时也是开放型、正向型问题）

员工：我也拿不准。

经理：你希望东城的这家代理店做些什么呢？（正向型问题，同时也是开放型、想法型问题）

员工：我当然希望他们能消除抵触情绪，与我们共同做好这次促销活动。

经理：那你打算怎样消除他们的抵触情绪呢？（将来型问题，同时也是开放型、想法型问题）

员工：我可以与他们的负责人王经理好好沟通一下，了解一下他们有什么顾虑。

经理：还可以做些什么呢？（想法型问题，同时也是开放型、正向型、将来型问题）

员工：进一步说明他们这家代理店在这次整个促销活动中的重要性，以及对他们的好处。

经理：有道理。还有什么其他想法？（想法型问题，同时也是开放型问题）

…………

有关提问技巧的更多内容可参考功夫五“绩效沟通”和《从职场新人到职场精英》一书中的功夫五——人际沟通。

教练式辅导中的区分

提问之后经过区分，管理者帮助员工明确那些最值得和需要发展的能力。由于找出的差距与员工自身的目标达成密切相关，员工就更有动力制订自我发展行动计划，并对行动做出承诺。

教练式辅导阶段/策略 3：发展能力

教练的高明之处在于以下几个方面。

- 不一定是解决问题的专家，但一定是发现问题的高手。
- 不仅善于发现问题，更能激发辅导对象自我提升的潜力和动力。这也正是那些明星运动员们的教练所具有的本质特征。
- 善于识别辅导对象的学习风格，并能指明相应的、最适合的学习方法和资源。

学习方法和资源

员工开发潜力和发展能力的目的是提升绩效和促进职业发展。教练式管理者在帮助员工发展能力的过程中，其作用并不在于为员工提供了多少专业指导（能够提供当然很好，但企业教练可以不给辅导对象任何专业指导），而在于他能帮助员工认识自我的学习风格，采取相应的学习方法和手段，找到并利用好合适的资源，从而最有效地获得或提升能力。

学习方法和资源很多，主要包括以下内容。

- 课堂培训。
- 在职培训。
- 在线、移动学习。
- 看书自学。
- 体验式学习。
- 一对一辅导。
- 行动学习。
- 与人交流经验。

管理者应根据员工的学习风格和习惯给出自己的建议，并在必要时对员工所需要的资源提供支持和保证。

员工在发展能力和实现绩效目标的过程中，肯定会碰到这样或那样的问题而不时寻求管理者的帮助和辅导。非紧急情况下，管理者一定要克制急于为员工提供答案的欲望和冲动，耐心地用提问的方式与员工沟通。

教练式辅导中的反馈

在辅导的这个阶段，反馈技巧也十分重要。不论是对员工的能力还是绩效的变化，管理者都应及时做出建设性的反馈。反馈方法可采用功夫五“绩效沟通”中的 GROW 模型和功夫七“员工激励”中的“拜一拜”赞扬法。

教练式辅导阶段/策略 4：持之以恒

这个阶段是管理者帮助员工进行职业规划（不管是横向发展还是纵向晋升）的良好时机。

教练式辅导的目的同各种学习方式一样，都是要实现某种改变。改变要比将改变持之以恒容易得多。

如前面关于员工发展的 5 个环节所提到的，管理者若想帮助员工内化和固化其所获得或提升的能力，就必须为其提供进行实践的工作机会和平台，并赋予其相应的责任和权力，此时管理者对员工的信任和授权十分重要，通常还应与员工的绩效合约（工作目标和个人发展目标）挂钩。

教练式辅导阶段/策略 5：营造文化

对于企业来说，管理者和员工之间教练关系的存在，并不只为满足员工的需求和团队绩效的达成，更重要的是有利于组织长期的发展。现实的研究以及来自企业的实践证明，拥有教练文化相比于教练文化欠缺，会给企业的经营水平带来更大的提升。教练式辅导的意义在于，它会帮助组织形成和巩固开放、学习的企业文化，让企业真正成为学习型组织。而学习型组织又正是企业能够长久发展的必由之路。

教练过程是一个教学相长的过程。教练也不是完人。管理者既是下属的教练，也是上级的辅导对象。管理者通过这样的教练关系及辅导过程，可以从员工和上级那里获得很多收益，从而提高自己的领导力和管理水平。管理者作为企业文化的体现者和代言人，必须在学习方面以身作则，乐于学习，善于学习，并能有效地将学习转化为绩效成果，成为员工学习的楷模。

回顾企业教练的 5 个阶段和策略，你是否发现，其实管理者在不同阶段扮演着不同的教练角色。

- “赢得信任”和“激发承诺”阶段，管理者担当的是转型教练。
- “发展能力”阶段，管理者担当的是技能和绩效教练。
- “持之以恒”阶段，管理者担当的是发展和职业教练。
- “营造文化”阶段，管理者则成了企业高级的“管理教练”。

由于团队绩效和员工发展是管理者基本的两项管理职责，管理者日常最需要承担的便是绩效和职业教练的责任。因此，在使用 GAPS、GROW 等工具时，应将辅导目标以及观察、倾听、提问、区分和反馈的教练式辅导技巧聚焦于员工的绩效和职业发展方面。

思考

- 教练式辅导对你的管理工作会有何影响？
- 你首先会选择谁作为你的教练式辅导对象？为什么？
- 你的辅导对象处于员工发展 5 个环节中的哪个环节？你将扮演哪类教练角色？
- 针对辅导对象，你将重点运用哪些辅导策略、工具和技巧？

收获及行动计划

主要收获	在工作和生活中 如何应用	怎样检验应用 （知行合一）的效果
1.		
2.		
3.		
4.		
5.		
……		

功夫七

员工激励

员工激励是指通过适当的方法激发员工的工作热情和积极性，引导、规范员工按企业的要求做事，从而有效地实现组织目标和员工个人目标。激励既包括正面鼓励，又包括负面约束。

激励涉及企业的激励机制和管理者的激励技巧两个方面。激励机制属于管理的范畴，激励技巧属于领导力范畴。要做好员工激励，二者必须兼顾。

本门功夫的要领

- 激励理论对管理的启示
- 企业激励机制的构成和实施
- 管理者应具备的 4 种激励技巧

激励理论对管理的启示

有关激励的经典理论包括以下内容。

- 麦格雷戈关于人对工作态度假设的 *X* 和 *Y* 理论。
- 马斯洛关于人的需求层次理论。
- 赫兹伯格关于什么才是真正激励因素的双因素理论。
- 弗鲁姆关于人的努力和回报相互关系的期望理论。
- 亚当斯关于人如何看待报酬的公平理论。
- 洛克关于人如何对待目标的目标设置理论。
- 斯金纳关于行为和外在刺激之间关系的强化理论。
- 海德关于人如何看待成功和失败的原因的归因理论。

…………

企业激励机制的建立离不开对激励理论的研究。以上有关激励的经典理论对管理的启示如下。企业要实现经营目标，既要重视员工对工作、目标、努力和报酬的内在动机、态度、心理、需求和期望，也要重视员工的外在行为和表现。企业的激励机制和管理者的激励技巧在力求满足员工的内心需要的同时，必须对员工有利于企业经营发展的行为和表现采取正强化奖励措施，对不利于企业经营发展的行为和表现采取负强化的惩罚措施。

企业激励机制的构成和实施

企业的激励机制由 3 个支点和 3 条通道构成（见图 7-1）。

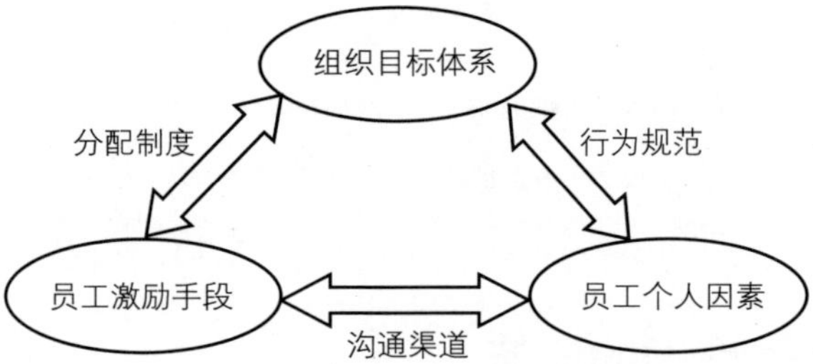

图 7-1　企业激励机制的构成

3 个支点为组织目标体系、员工激励手段和员工个人因素。

- 组织目标体系为激励机制设定激励的目的和标准。企业的战略、目标要简洁、明确、可评估，最好有量化指标。目标要有挑战性；各种目标要有优先次序；目标还需要具有相容性：相容于现实条件，个人目标、局部目标相容于企业整体目标，短期目标相容于长期目标。
- 员工激励手段体现企业对员工的具体激励措施和方法，是激励机制最核心的内容。经过对全球各类优秀企业激励机制的研究和分析，我将员工激励手段和相应的实施方法归纳为 5 类（见表 7-1）。企业可以根据员工的实际情况选择和确定适合本企业的激励措施和方法。激励机制建设不是一劳永逸的工作。尽管在一段时间内具有稳定性，但随着员工个人因素和外部环境的变化，激励机制也需要做出相应的调整和创新。

表 7-1　5 类员工激励手段和相应的实施方法

员工激励手段	具体实施方法示例
1．物质激励	• 具有竞争力的薪酬结构 • 奖金制度 • 具有吸引力的福利 • 物质奖励 ……
2．精神激励	• 信任，授权 • 正式表扬制度 • 认可与荣誉机制，如各种荣誉称号的授予，用员工的名字命名某项工作法、活动等 • 娱乐，这里是指不花钱的娱乐，如刚上班大家一起跳健身操，茶歇时播放音乐，项目阶段性成功时大家一起欢呼等 • 树立榜样、优秀典型 • 危机教育 ……
3．物质 + 精神激励	• 职务晋升 • 股权与期权，既有物质利益，又能使员工成为组织所有者之一。这种激励方法是企业留住关键员工的一大趋势 • 业务竞赛 • 改善工作条件 • 娱乐，这里是指需要花费的娱乐活动，如团队建设活动、年终庆祝晚会、家庭日等 • 休假与奖励旅游 • 培训与发展项目 ……

续表

员工激励手段	具体实施方法示例
4. 工作设计激励	• 绩效管理 • 岗位轮换制度 • 工作扩大化，促进员工横向职能上的发展，一专多能 • 工作丰富化，通过上级授权增强员工工作的挑战性，一旦员工具备了相应能力，原来属于上级的工作，可以并入下属的岗位职责 • 灵活工时 • 在家办公 • 自主管理团队 ……
5. 文化建设激励	• 融洽的员工关系 • 兴趣爱好俱乐部 • 员工敬业度调查 • 员工建议、参与制度 • 工作日内自主创新时间和空间 ……

- 员工个人因素关注的是作为激励机制受益者的员工的特点，包括个人需要、价值观、能力、素质、潜力等方面。员工个人因素是激励机制能否有效的依据。

激励机制的 3 条通道为分配制度、行为规范和沟通渠道。

- 分配制度（主要指薪酬政策）将员工激励手段与组织目标体系连接起来，反映的是企业的奖酬资源分配及激励措施和方法与个人绩效水平（达到组织目标程度）之间的关系，即员工应该在什么样的情况下获得什么样的奖惩。员工个人通过分配制度看到自己努力工作后得到的奖酬的可能性、多寡和具体内容。合理的分配制度必须以科学有效的目标和绩效管理作为后盾。
- 行为规范（如员工守则、绩效合约、操作程序等）将员工个人因素与组织目标体系连接起来。员工个人通过遵守行为规范实现组织目标，进而得到奖酬；组织通过行为规范控制和监督员工工作。员工的行为不仅要靠制度、守则来约束，更要依靠积极健康的企业文化来约束。行为规范保证激励机制在关注目标结果的同时兼顾过程控制。

- 沟通渠道（如内部网站、宣传刊物和资料、公司会议等）将员工个人因素与员工激励手段连接起来。组织通过多种沟通渠道把握员工个人的各种需要和工作动机，从而确定相应的激励措施和方法。员工通过沟通渠道了解组织有哪些激励方法，以及怎样才能获得自己所需要的奖酬激励。沟通渠道的完善保证激励机制的公正透明。

练习 7-1

问题：

销售人员、技术人员和一线客户服务人员分别会看重哪种激励手段？为什么？

这个问题并没有固定答案，会依企业的不同而不同，但有一定的普遍性。销售人员会普遍看重物质激励，因为他们会倾向于将物质上的收获与个人成就相联系；技术人员可能更看重精神和工作设计激励，因为他们通常倾向于关注别人对自己的专业认可和工作的自主性；对于一线客服人员来说，物质、精神和文化建设激励都很重要。

从国内员工的需求现状来看，住房、职业安全、能力提升、经济安全、身体健康为主导需求。企业在设计激励机制时，必须关注这些因素。

合理的激励机制为管理者提供员工激励的管理、制度和资源基础，有助于企业吸引人才；而管理者的激励技巧才是员工激励落实的保证。

管理者应具备的 4 种激励技巧

练习 7-2

问题：

- 你到所在企业工作的主要动力是什么？
- 什么样的工作让你提不起精神来？
- 尽管你已是管理者，但你很可能还有上级。你的主管是否会对你提出的工作动力和不喜欢的工作因素产生影响？为什么？

从我所做的调研中发现，人在企业中的工作动力包括如下内容。

- 工资和福利，养家糊口。
- 工作刚好是喜欢的。
- 企业文化。
- 公司处于技术前沿。
- 公司发展潜力较大。
- 工作有挑战性。
- 实现个人价值，有成就感。
- 增加工作经验，体验人生。
- 工作氛围好。
- 有一定自由。
- 上司的认可。
- 获得生活的安全感。
- 有培训的机会。
- 公司对员工较尊重，有公平感。
- 认识更多的人。

- 可与国外同事交流。
- 交通补贴。
- 良好的同事关系。
- 好领导。
- 职业发展。
- 工作地点方便。

…………

员工不喜欢的工作因素包括如下内容。

- 薪资福利在同行业中无竞争力。
- 压力大，工作强度大。
- 杂事多。
- 加班。
- 客户难缠。
- 老板苛刻。
- 计划经常变。
- 没有放松（如去旅游）的时间。
- 行业定位不明朗。
- 没有明确的目标。
- 提升无望。
- 公司有点大锅饭性质，激励不足。
- 没有午休时间。
- 老板支持不够。
- 部门间配合差。
- 行政服务不到位。
- 重复的工作。
- 办公室政治。

…………

你是否发现，你的工作动力和不喜欢的工作因素，多少都会受到主管管理水平的正面或负面影响。正是基于此，员工通常会因企业实力和激励机制而加入公司，而因直接主管的管理和激励水平离开公司。

你了解你的下属的工作动力和不喜欢的工作因素吗？同理，你对他们的工作动力和不喜欢的工作因素会带来怎样的影响呢？

管理者应具备的激励技巧至少包括以下 4 种。

- 对员工工作态度的激励技巧。
- 对员工需求的激励技巧。
- 对员工行为的激励技巧。
- 推动员工自我激励的激励技巧。

对员工工作态度的激励技巧

概括来说，一个人对工作的态度可以分为 3 种。

第 1 种，认为工作是谋生的手段，看重的是它的经济价值。

第 2 种，认为工作是尽责的手段，工作不一定是自己喜欢做的，但应该为社会和他人做些什么，以此体现一个人的价值。工作和生活应该分清。

第 3 种，认为工作是人生中不可或缺的有机组成部分，应该是人生的一大乐趣。工作和生活讲究平衡，相互产生积极影响。

现代职场人士都会或多或少地关心这样两个与人生息息相关的问题：“什么是真正的成功”“什么是真正的幸福”。而一个人对工作的态度会影响其成功观和幸福观。

了解员工的工作态度并发掘其成功观和幸福观，应该是管理者激励员工的起点。

- 持第 1 种工作态度的员工，通常并不在意自己是否成功，而更关注过好日子。管理者应注重给予这样的员工物质激励，并对他的个人生活多加关心。
- 持第 2 种工作态度的员工，往往希望通过工作获得成功感，从生活中获得幸福感。对于这类员工，经常与员工沟通所从事的工作的价值和意义，并尽力为其提供符合其兴趣和个性的工作和任务，会对其起到激励作用。
- 持第 3 种工作态度的员工，将工作和生活看得同等重要，因而他们的成功感和幸福感可以合二为一。这样的员工崇尚自我激励，希望管理者对待他们的方式为信任、授权和平等沟通。

对员工需求的激励技巧

人的需求是多种多样的。现代职场人士的人生需求可以大致分为以下 7 个方面。

- 经济条件：不仅指一个人的财务来源，还包括一个人的理财需求。
- 知识教育。
- 职业生涯。
- 身体健康。
- 社交往来。
- 家庭生活。
- 精神追求：如是否有信仰，有什么样的兴趣爱好、文化娱乐等。

员工在人生的不同阶段对以上 7 个方面的需求程度不同。譬如，刚入职场的员工由于对住房的需求，可能对经济条件更加看重；工作了一段时间的员工，当发现职业发展出现瓶颈时，那么他对知识教育和职业生涯会更加关注；中年员工可能会更注重身体健康；员工失意时会向往更广的社交圈子；成了家的员工更讲求工作与家庭生活的和谐；事业有成的员工，精神方面会有更多的追求。

作为管理者的你了解、理解员工现阶段的最强烈的需求吗？也许你的管理权限并不能满足员工的需求。譬如，你无法改变组织的薪酬结构以满足员工对经济条件的期望，但你可以向上级反映员工的合理诉求。即使不能直接满足员工经济条件方面的要求，也可以引导员工用长远的眼光看待现时工作的前景及这一工作在员工整个职业生涯中的价值。

练习 7-3

问题：

- 对于注重经济条件的员工，作为管理者你可以做些什么？
- 对于注重知识教育的员工，你可以做些什么？
- 对于注重职业生涯，或身体健康，或社交往来，或家庭生活，或精神追求的员工，你又可以做些什么？
- 你如何了解下属的工作需求？你如何影响他们的工作需求？

对员工行为的激励技巧

赞扬与肯定对人的正激励作用毋庸置疑。除应得的薪水之外，员工也需要感到他们在工作中做出了一份贡献，他们的努力富有成果并得到企业和主管的赏识。真诚的感谢和赞扬，既表达了主管对员工某种行为或价值的欣赏，也会鼓舞员工继续表现出你所看重的行为，使这种行为蔚然成风。

然而，这看似可以信手拈来的简单激励技巧，却常常被管理者忽视，或者千篇一律的一句“干得不错”，让员工感到主管的表扬很虚，又或者并未真正在意。要想让你的赞扬打动员工，可采用以下的 BET——“拜一拜”赞扬法（见表 7-2）。

表 7-2 “拜一拜”赞扬法

赞扬步骤	示　例
描述观察或听到的行为（B）	昨天小高因为他母亲的病不得不临时请假，是你主动帮他把手头的那项紧迫的项目完成，晚上还去医院看望了小高的母亲，这让小高十分感动。客户今天也发来表扬你的邮件，本来担心小高不在会耽误事，没想到你把问题解决得让他们公司十分满意
该行为的积极作用/影响（E）	小高说他过去工作中有不配合你的地方，他觉得挺惭愧，你昨天的表现对他触动很大，他觉得自己应该加强团队合作精神。客户也对咱们部门良好的人员素质和工作效率有了更深的感受
表示感谢（T）	你对小高的触动和客户对你的表扬真的让我特别高兴。作为主管我也感到有你这样的同事很幸运！我要代表我们部门谢谢你

这样的表扬和感谢显得“啰唆”，是不是？ 但如果你是被感谢的对象，是这样的“拜一拜”，还是主管一句“好样的”“谢谢”更能打动你呢？不管你用何种方式赞美员工，一定要让他感受到你的重视和真诚。

也只有当员工感受到你是一个乐于赞美别人的经理人时，你对他们适时的严厉和批评才更易于让他们接受。一个好的管理者，不仅要善于扮“红脸儿”，该“狠”的时候也要敢于扮“白脸儿”，因为员工不仅期望主管有亲和力，还期望他有魄力。

说到亲和力和魄力，我们必须要谈谈管理者应如何看待与员工的友谊。友谊并不意味着管理者要把员工视为知己，或者因为友谊而原谅员工的不良表现。友谊是在你处理员工问题时表现出来的礼节和尊重，以及对员工兴趣的关心和人情的关注。友谊不能代替管理。但友好的管理方式肯定要比不友好的管理方式更有效。

同“拜一拜”一样的道理，批评员工的时候，也要着重于行为和行为带来的不利影响。若员工能及时改正，作为主管，你还是应该对他表示感谢。批评在多数情况下应私下进行，但严重错误有时也需当众指出，引起团队成员的共同重视。

这里需要复习的是功夫一“管理与领导力”中关于对完人、能人、好人和差人的不同管理方式。你在现实中应用了吗？基于这 4 种人的分类依据——态度和绩效，在激励不同的员工时，至少需要在态度和行为两个方面加以关注。

推动员工自我激励的激励技巧

重视内因的人更倾向于自我激励而达成目标。如果每个员工都能做到自我激励，那是企业和管理者最为期望的，因为这种激励才是恒久和最有效的激励。

许多员工都想要自我激励，但并不善于自我激励。自我激励不仅需要一个人对自己的人生设定各种目标，更要首先对自身各方面有清醒的认知，而人往往最难看清的就是自己，正所谓“当局者迷，旁观者清”。因此，要想让员工善于自我激励，“旁观者”是必要的。作为管理者，成为这样的“旁观者”，你责无旁贷，而教练式辅导便是推动员工自我激励的必要技巧。

综上所述，管理者应充分利用好企业激励机制所提供的管理、制度和资源保证，根据员工的态度、需求和行为采取相应的激励技巧，帮助实现企业、员工和管理者自身的三方共赢！

思考

- 你所在企业的激励机制如何？
- 哪种（些）激励技巧会对你的下属最有效？为什么？
- 找一个可以感谢的对象，运用“拜一拜”法对其表示赞扬。

收获及行动计划

主要收获	在工作和生活中 如何应用	怎样检验应用 （知行合一）的效果
1.		
2.		
3.		
4.		
5.		
……		

功夫八

授权

作为管理者，授权是指你赋予他人责任和权力，使其能够代表你去完成某项工作，但责任仍然由你来承担。这里的“他人”通常是指下级或其他部门的同级，当然也可以是上级；但现实中，向上授权并不多见。工作中你“委托”某人办某事，其本质亦为授权。

本门功夫的要领

- 分权与授权
- 授权的意义
- 真正授权的 4“感”尺度
- 授权的 6 个步骤和具体做法

分权与授权

在组织环境中，一般是先有分权再有授权。分权的最普遍形式为岗位（工作）说明书，其中说明了从事该岗位的人所应有的权力和责任。因此，分权是分权分责，即你有什么样的权力，同样要承担相应的责任。分权是授权的前提。只有授权人和被授权者（也可称授权对象）双方都明确各自的权力和责任，授权才能发生。分权属于管理的范畴。

而授权是授权不授责。作为管理者，必要时你将权力委托给别人，但由此所产生的后果，责任仍由你承担。因此，授权是有风险的。授权能力体现管理者的领导水平，属于领导力范畴。

企业也正是通过分权—授权—分权的不断深化，使岗位（工作）说明书能够定期、动态地得到改善。这样的管理行为与结果，不仅为工作丰富化和扩大化的激励机制奠定了基础，而且可以体现企业的持续进步，并促进企业的良性发展。

授权的意义

对于管理者来说，授权的意义至少体现在以下 3 个方面。

- 授权显示你对他人的信任，对下属是一种有效的激励手段，对同级可以促进良好的合作关系。因此，授权可以增强团队协作的氛围。
- 授权是培养下属责任心和能力的有力手段。管理者通过授权为授权对象提供了行动学习的机会，使其在执行和完成任务的过程中成长。而我们知道，通过实践学习，学习效率通常是最高的，效果通常也是最好的。
- 授权帮助管理者更好地管理自己的时间，从而能够腾出更多的精力关注有关企业、部门或团队的大事、要事和方向。

真正授权的 4“感”尺度

真正授权必须满足以下 4“感”尺度（见图 8-1）。

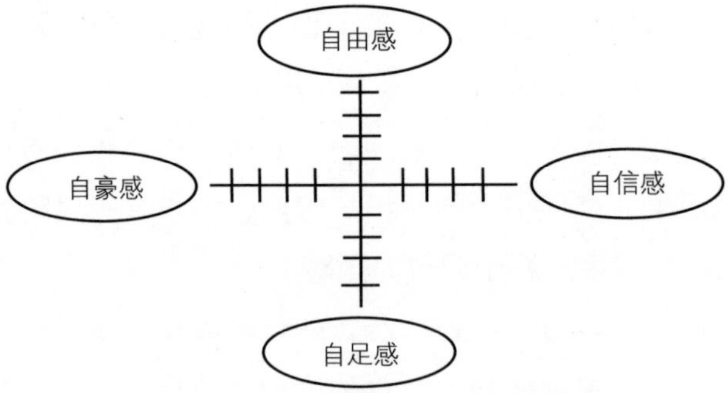

图 8-1　真正授权的 4“感”尺度

- 尺度 1：自由感。授权对象在行使权力的过程中有足够的自主权。
- 尺度 2：自豪感。授权对象会因完成被授权的工作而感受到自己对团队、部门或企业的价值，受到上级的认可、表彰，或者在同事中的影响得到提升。

- 尺度3：自信感。授权对象对自己完成被授权工作的能力满怀自信，或者经过短期培训就能胜任。
- 尺度4：自足感。授权对象从被授权的工作中能够体会到对自我的益处和价值，因而获得满足感。

4“感”尺度相互依存，失去任何一个尺度，授权对象都不会感到真正获得了授权，顶多觉得自己是在帮忙。所以说，管理者是否授权，决定者并不是授权人本身，而是被授权的一方。有的管理者认为自己是一个敢于也乐于授权的人，不解的是授权对象却经常辜负对其的信任和期望。殊不知，在你看来是授权的工作，而对方却认为你是在“倒垃圾”，是在将你自己没兴趣或没时间做的事给了别人。管理者在授权时关注授权对象以上的四种感受至关重要！

授权的 6 个步骤和具体做法

授权一般通过 6 个步骤实现，如图 8-2 所示。

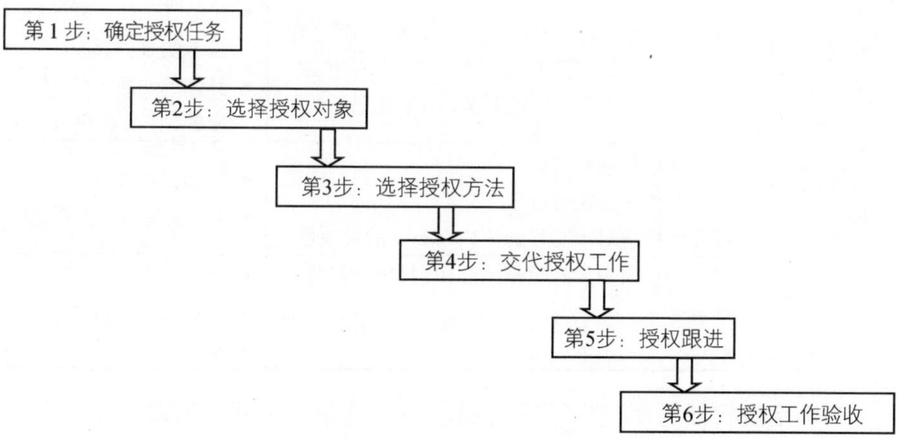

图 8-2　授权的 6 个步骤

第 1 步：确定授权任务

要想做好授权，作为管理者，你必须首先明确你的哪些权力和责任在现阶段不能也不应委托出去。

不能授权的工作如下所述。

- 少有成例而且风险较大的开拓性工作，如未来发展规划、重大创新、业务转型等。
- 关系到组织前途命运和社会影响的工作，如组织变革、新市场的选择、新产品的开发决策、政府关系、危机处理、大客户关系维护等。
- 重大决策性工作，如重要岗位人选的确定、绩效评估把关、奖惩与经营决策、重大项目投资等。

以上列举的某些工作现在不能授权，不代表今后也不能授权。随着组织规模的发展壮大，管理者必须学会定期（每季度、半年或一年）为自己开列授权工作清单（见表 8-1）。

表 8-1　授权工作清单

授权项目	范　　畴	举　　例
必须授权的工作	• 本不该你做，是因为你开始需要做，习惯了就没放手，或你特别喜欢，不愿交给别人去做 • 风险低，即使出现某些失误，也不会影响大局	• 事务性工作，如文件、规章制度的起草 • 具体的业务工作，如日常的销售、客户服务等
应该授权的工作	• 已经有过经验和成例 • 授权对象完全能够胜任 • 能激发授权对象工作热情，有一定的挑战性	• 新项目的开发 • 某些大客户的关系维护
可以授权的工作	• 要求授权对象具有相当的知识、技能和经验才能胜任 • 需要一定的训练和指导	• 选拔干将 • 政府关系 • 某些危机的处理

在确定授权任务后，你还需要提醒自己注意以下几个方面。

- 授权绝非“倒垃圾”——摆脱无聊或困难工作的方法。
- 对于要授权的工作，是否已弄清了所需要的知识和技能?
- 是否已有充分的心理准备，要自始至终为授权的工作负责?

第2步：选择授权对象

相互信任是授权的基础，但现实并不允许你每次授权都能找到你充分信任同时他也完全信任你的对象。所以说授权具有风险性，从一个侧面能够体现管理者的胆识和魄力。

最理想的授权对象当然是你信任的人，他也忠诚于你。无论你是否充分信任对方，工作态度是选择授权对象时的首要考虑因素，能力还在其次。授权同一事务，可以考虑多个授权对象，但要选择最能达成授权4“感”尺度的那个（些）人。

怎样才能确定是否达成4“感”尺度呢? 这时沟通变得极为重要。

- 不论对方对你的认知和情感如何，你都要表达你对他完成授权工作的信任，给他自由感。
- 说明该工作对客户、组织、部门或团队的意义，让授权对象获得自豪感。
- 解决授权对象的困难和疑问，帮助他建立起自信感。
- 与其共同探讨授权工作对他个人的好处，令授权对象增强自足感。

第3步：选择授权方法

授权主要有4种方法：充分授权、不充分授权、弹性授权、制约授权。

- 充分授权适用于对于授权对象来说不那么复杂也不太耗时的工作，而且授权对象是你充分信任的人，你对他圆满完成授权工作有相当大的把握。若授权对象是你的下属，他们往往都是企业重点培养和发展的对象。充分授权时，授权人要向对方明确目标与绩效标准，具体行动方案在授予的权力范围内由授权对象自己决定。

- 不充分授权适用于在授权人看来仍具一定风险性的工作，授权时赋予对方部分权限。具体内容如下。
  - 让授权对象去了解情况，由你做决定，再由其执行。
  - 让授权对象提出行动方案，由你选择，再由其执行。
  - 让授权对象采取行动前征求你的意见。
- 弹性授权是充分授权和不充分授权的混合，适用于较为复杂且耗时的工作。将工作过程划分为若干阶段，根据各阶段的工作内容采取不同的授权方式。
- 制约授权适用于性质重要、容易出现疏漏的工作。制约授权将职责和权力同时委托或分派给不同的对象，以形成像财务管理中会计、出纳那样的相互制约的工作关系，从而更准确地履行授权人的权力和责任。

阅读案例 8-1，回答下面的问题。

案例 8-1

张副总应选择哪种授权方法

某集团公司对本企业的企业文化进行认真梳理后，准备在全公司正式、深入地进行推广。上级要求各分公司必须有一位副总级别的人成为本分公司企业文化培训的总培训师。为统一培训内容和教学水平，集团公司组织了一次企业文化总培训师培训班。

该集团某分公司人力资源部的张副总被指定为该分公司的企业文化培训负责人。以他的资历和能力，再加上经过这次培训班的培训，他完全能够胜任总培训师这一职务。而不巧的是，就在培训班开班的前三天，张副总因病住院，至少半个月后才能上班。此时他必须授权别人替他参加该培训班。

他考虑的授权对象如下。

- 财务林副总，是公司的老员工，也很擅长讲课，时常为基层和中层管理者做财务方面以及领导力、管理能力方面的培训。
- 下属王慧，培训经理，在公司时间不长，但擅长讲课。
- 下属肖钢，绩效经理，大学毕业后就加入公司，对公司感情很深，也做过一些培训，培训水平不如王慧。

张副总可以选择的授权方法是什么？为什么？

（参考答案见本章结尾）

第 4 步：交代授权工作

授权包括 3 个要素：工作要求、权限范围和责任归属。

- 工作要求是对授权工作的界定。授权人需要让授权对象明确授权工作的性质和范围、绩效目标和评估标准、任务完成的期限及如何验收，以及这项工作对客户、本企业，尤其是对授权对象本人的意义。绝不能将必须由自己来做而不愿承担责任的工作授权给他人。
- 权限范围界定授权对象拥有哪些职权，限度多少。你给授权对象的权力应以刚好能够完成授权的工作为限度，即工作完成，授权相应结束。
- 责任归属界定授权对象对授权人的责任承诺。尽管授权不授责，最后负责的仍是授权人，但授权对象须向授权人做出承诺，授权人可以在必要时收回授权。

管理者向授权对象交代授权工作时，以上 3 个要素缺一不可，同时需要再次确保真正授权的 4 “感” 尺度的达成。

第 5 步：授权跟进

即便充分授权，授权对象提供口头或书面的工作计划也是必要的。授权人应根据所选择的授权方法，制定相应的跟进措施，如定期视察、定期汇报和反馈、阶段性总结、方案适当调整等。

以下情况发生，授权应及时撤回：

- 授权对象的执行效果与预定计划偏差较大。
- 意外情况发生，造成的损失较大。
- 授权工作已结束。

第 6 步：授权工作验收

授权工作完成，授权人应及时对授权对象的工作绩效和成果做出客观的评估，评估的依据为授权的 3 要素——工作要求、权限范围和责任归属，最直接的依据便是授权对象制定的工作计划书。如果事前有奖励承诺，此时一定要兑现。

如果授权到位，这一管理方法对授权的管理者和授权对象来说是不折不扣的双赢：管理者因此而有更多时间关注整体的和方向性的问题，授权对象因此感受到被信任的温暖并获得职业上的成长。圆满完成授权工作并得到认可的同事或下级，会对今后的工作甚至人生更加自信、自豪和自足。迎接他的将是一片更加自由的天空！

思考

- 列出你自己的授权工作清单。
- 还有哪些方法有助于授权对象因授权而感受到自由感、自豪感、自信感和自足感？
- 你若是本门功夫案例中的张副总，你将如何与授权对象沟通来帮助其 4 “感” 尺度的达成？

收获及行动计划

主要收获	在工作和生活中 如何应用	怎样检验应用 （知行合一）的效果
1.		
2.		
3.		
4.		
5.		
……		

【案例 8-1 参考答案】

- 首先我们需要确定企业文化培训和推广这一工作的性质：重要且容易疏漏。
- 如果选择财务林副总，可以采取充分授权的方法。企业文化的培训不仅需要培训师的授课经验，更需要培训师对本企业的深入了解和情感，这两点林副总都具备，而且他也是副总级别，同样可以承担总培训师的责任。现实很可能仍需张副总担任总培训师，只要张副总授权到位，林副总可以回来后培训张副总，帮助张副总向总培训师的工作过渡。
- 如果林副总无法参加培训班，王慧和肖钢可以同时被派去，形成制约授权的关系。肖钢作为老员工，可以对培训内容有更深刻的理解；王慧作为培训专业人员，可以对教学手段加以把握。两个人回来后向张副总汇报，张副总也能很快承担起总培训师的责任。
- 不充分授权和弹性授权不太适合本案例。

功夫九

变革管理

人类进入多变、不定、复杂、模糊的时代，变革愈发成为企业不可回避的战略主题，变革管理自然也应是管理者必备的管理能力。

本门功夫的要领

- 变革的含义与意义
- 变革成功的 DICE 要素
- 如何引发和领导变革
- 如何管理变革过程

变革的含义与意义

外在变革与内在变革

从广义上讲，任何将对组织成员的工作和生活现状带来较强影响的组织变化都可以称为组织变革，哪怕是一次公司迁址或某项政策的变更。本门功夫关注的组织变革通常由以下原因造成。

- 外部原因：科技进步、竞争加剧、并购趋势等。
- 内部原因：满足现状、战略失误、文化封闭等。

组织变革，既包括外在变革，也包括内在变革。外在变革是指企业为了实现组织新的业务愿景和战略而在组织结构、业务流程、系统和科技等方面所采取的变革措施。外在变革是环境对企业发展的必然要求，往往快速发生、不以人的意志为转移。

外在变革涉及企业战略、结构、政策、规则、资金、硬件、人员等方面的变化，其形式包括以下几种。

- 企业并购，如联想收购 IBM 的个人电脑业务。

- 业务转型，如万达从房地产为主向服务业为主的定位转型。
- 业务合并或拆分。
- 业务转让，出卖非核心业务。
- 业务外包。
- 所有制改变。
- 组织结构重组，集权或分权的变化等。
- 流程改善、再造。
- 领导/管理团队变更。
- 机构精简、裁员。
- 公司破产、倒闭。
- 技术、管理、商业模式创新。

…………

对于员工来说，任何外在变革都可概括如下。

- 做不同的事。
- 用不同的方法做同样的事。

内在变革是企业员工对外在变革的反应，外在变革引起的员工的内在变革。内在变革涉及员工的情感、态度、价值观、身份、地位、与他人的人际关系等诸多与切身利益相关的因素，所以需要一定的过渡期和适应期。相对于外在变革来说，内在变革缓慢而微妙。内在变革的形式主要包括以下 4 种。

- 表面性变革：对于习惯了变革的人，感觉此变革与其他变革的本质没什么大异。
- 渐进性变革：对于经历过变革的人，感觉此变革相比其他变革程度只是加深了一些。
- 持续性变革：对于某些人来说，此变革让其感到变革对于他来说简直没完没了。

- 革命性变革：对于某些人来说，此变革让其始料未及，程度大过想象。

组织变革要获得成功，仅关注外在变革是远远不够的。外在变革通常用管理手段即可实现，而内在变革必须有领导力介入。外在变革为发展，内在变革为稳定。没有内在变革的成功，任何外在变革的成功都是表面的、不能持久的。相对于外在变革，内在变革更为困难。变革管理的核心其实是对内在变革的管理。

变革的意义

企业变革的目的是寻求更好的发展。谁不希望越变越好呢？遗憾的是，失败的变革远多于成功的变革——失败率高达 70%，这便是变革通常都会遇到阻力和抵制的重要原因之一。然而，变革虽不一定能够使企业长久发展；但企业要长久发展，必定离不开变革。

通用电气公司作为基业长青的现代企业中卓越的代表，之所以取得较长久的成功，根本的一条便是持续的变革，将变革转化为企业的一项重要文化基因。

变革成功的 DICE 要素

波士顿咨询公司（BCG）对 225 家不同行业的代表性企业的变革项目进行深入研究后发现，变革的结果与称之为 DICE 的四项硬性要素间存在一致相关性。

- D——项目的持续时间（Duration），尤其是项目里程碑设定与阶段性复盘评审的间隔时间。研究发现，变革项目的里程碑设定和阶段性复盘评审的间隔时间尽量不要超过两个月。
- I——项目团队变革能力的完善度（Integrity），包括变革领导和项目成员是否能够按时实现变革成果的能力。

- C——管理者与员工对变革的承诺和投入程度（Commitment）。
  - ➢ C1：企业高层的支持程度。
  - ➢ C2：参与变革的员工的支持。
- E——参与变革的员工的额外努力（Effort）。

由参与变革项目的关键人员，对DICE各要素进行打分，每项的平均值相加，计算出的总分，可以帮助企业预测变革的成功概率。

计算公式：

$$\text{DICE 总分值} = D + (2 \times I) + (2 \times C1) + C2 + E$$

每项分值为1～4分，1分为最好，4分为最差。评分标准如表9-1所示。

表9-1　变革成功的DICE要素评分标准

DICE要素	1分	2分	3分	4分
D：项目的持续时间，尤其是项目里程碑设定与阶段性复盘评审的间隔时间	不超过2个月	2~4个月	4~8个月	多于8个月
I：项目团队变革能力的完善度	1）项目领导能力很强并受尊敬 2）项目成员有能力和动力在规定时间内完成项目 3）项目成员近一半工作时间花在项目上	前面的3个因素有2项较好	前面的3个因素有1项较好	前面的3个因素都不够好
C1：企业高层的支持程度	1）高管定期、明确沟通项目的必要性和重要性 2）沟通的信息统一、有说服力 3）用行动和资源支持项目的开展	前面的3个因素有2项较好	前面的3个因素有1项较好	前面的3个因素都不够好

续表

DICE 要素	1 分	2 分	3 分	4 分
C2：参与变革的员工的支持	态度行动十分积极	态度行动比较积极	态度行动比较消极	态度行动十分消极
E：参与变革的员工的额外努力	工作量增加少于 10%	工作量增加 10%～20%	工作量增加 20%～40%	工作量增加超过 40%

7 分是最佳得分，28 分表示最差。

- 7～14 分范围内被称为“成功区域”，处在这一区域的变革项目成功率高。
- 14～17 分范围内被称为“忧虑区域”，处在这一区域的变革项目有一定的风险，结果难料。
- 超过 17 分被称为“危险区域”，处在这一区域的变革项目很可能失败。

如何引发和领导变革

如何克服变革阻力

对于变革，通常 20%的人支持，20%的人反对，60%的人观望，这说明变革一般都会遇到很大的阻力。原因主要在于以下几个方面。

- 没有感到变革的必要性，不知对企业到底会有什么积极影响。
- 失败的变革经历留下阴影。
- 变革违背个人利益，不知会给自己带来什么实质好处。
- 害怕自己没有影响力，只是牺牲品。
- 不确信自己有能力符合变革后的要求等。

变革的阻力通常表现为三级抗拒。

- 一级抗拒：不理解当前变革的意义和价值。
- 二级抗拒：不喜欢当前变革可能给自己带来的不利影响。
- 三级抗拒：不相信负责变革的领导/管理者能使变革成功。

要克服以上逐级加深的变革阻力，让更多人支持变革，领导/管理者至少要做到几点。

- 制造变革紧迫感。如果对现状没有足够的不满，一般没多少人愿意改变。所以，一定要说明维持现状的危害及变革的必要性，从客户、企业、部门和个人 4 个方面阐述变革的意义，促使员工对现状不再满足。
- 描绘变革前景，激发员工参与变革的动力。
- 细化变革计划，让员工能够尽早感受到变革成果，尝到变革的甜头。
- 鼓励员工参与，利用多种沟通渠道就变革保持与员工沟通。
- 总的来说，应对三级抗拒的基本策略如下。
  - 一级抗拒：采用多种沟通和宣传媒介，最好是面对面方式，深度沟通变革的意义和价值。
  - 二级抗拒：认真倾听员工心声，真正做到同理心，清楚说明变革必须付出的代价和可以获得的成长价值。
  - 三级抗拒：用可信、可靠、亲和及利他的言行，赢得员工对领导/管理者的信任和对变革的信心。

形成变革管理机制

要想让员工形成变革意识，更容易接受变革，企业应建立相应的变革管理机制，主要包括以下几个方面。

- 制定变革战略。企业想基业长青，必须将变革作为战略的有机组成部分。如何制定战略，参考功夫二“战略性思考”。

- 明确变革原则。让员工知晓企业何时、何种情况下一定要变革，如通用电气的原则为，从事的每一个行业都成为全球第一或第二，否则该事业部随时都可能被砍掉。
- 打造变革文化。让员工从入职起就拥有随时可能会被淘汰的危机意识，对变革怀有积极心态，习以为常。

这 3 项工作必须由高管团队确定负责部门和首要责任人。

约翰·P. 科特总结的领导变革 8 步骤

约翰·P. 科特（John P. Kotter）在其经典的《领导变革》一书中，总结了领导变革的 8 个步骤。

步骤 1：制造变革的紧迫感。

步骤 2：建立一支强有力的领导团队，以推动即将到来的变革。

步骤 3：确立鼓舞人心的愿景和战略目标。

步骤 4：沟通愿景和战略目标，使人们认同这种变革。

步骤 5：授权，使更多成员能够采取行动。

步骤 6：取得短期成效，以稳固人们对于变革的信心。

步骤 7：巩固成果，深化变革。

步骤 8：将变革作为一种新的行为规范与企业文化固定下来。

步骤 1 至步骤 4 是引发变革须开展的工作，步骤 5 和步骤 6 是变革开始后的工作重点，步骤 7 和步骤 8 是变革后期的关键任务。

与 8 个步骤相关的方法和工具，很多都可以从前面的功夫中找到答案，这里我重点介绍一个制造变革紧迫感的工具——引发变革的关键问题（见表 9-2），以及变革领导团队的组成和责任。

表 9-2　引发变革的关键问题

核心关注点	关 键 问 题
顾客	• 当前顾客偏好有改变吗 • 最终消费者改变了吗 • 有没有新的消费者或消费趋势出现
竞争	• 竞争者有没有改变价值诉求 • 竞争者有没有获得或失去特别的竞争优势 • 有新的竞争者出现吗
技术	• 目前有什么技术领先于我们 • 有什么潜在的替代技术即将出现吗 • 有什么新技术出现吗
产品/服务	• 目前提供的产品和服务发生变化了吗 • 价值诉求有什么变化 • 有新产品出现吗

合格的变革领导者应具备的特征如下。

- 视变革为挑战和机会。
- 善于创造变革的文化氛围。
- 善于从我做起，以身作则。
- 善于激发、保持热情。
- 善于创新，敢于尝试。
- 善于兼收并蓄，广泛听取意见和建议。
- 不急于求成，保持应有的耐心。
- 影响力、说服力强。

企业需要选拔这样的领导者加入变革领导和管理团队当中。变革领导团队的主要责任如下。

- 制定、控制和维护整个变革计划。
- 在资金、资源和人员方面授权。

- 就变革适时、适当地与员工深入沟通。
- 解决破坏性冲突。

如何管理变革过程

阅读案例 9-1，思考如何管理变革过程。

案例 9-1

建龙集团和通钢集团联姻冲突不断，重组被永久叫停

2009 年 7 月 24 日，由国内民营企业建龙集团委派到吉林通钢集团担任总经理的陈国军被通钢员工围殴致死。当晚，吉林省国资委宣布，建龙集团将永不参与通钢集团的重组。这也意味着民营钢厂重组吉林省省属最大的钢铁企业协议被永久性终止。

起因：同一民企再次入股引发抗议

2009 年 7 月 22 日，从通钢集团总部传来消息，建龙集团将持有通钢集团 65%的股份。建龙集团此次是二次入股通钢集团。2005 年，通钢集团与建龙集团签订重组协议，建龙集团以近 12 亿元正式收购原通钢集团，并组建了吉林省省属最大企业新通钢集团。2008 年金融危机以来，通钢集团出现巨额亏损，该公司员工工资一度减至每月 300 元，当时就激发了不少冲突，员工也对组建后的新通钢集团依然亏损表示不能理解。

2009 年 6 月，通钢集团首次扭亏实现盈利 6000 余万元。但是建龙集团 7 月宣布又要收购整个通钢集团，通钢集团员工担心会大范围裁员。

通钢集团被建龙集团控股的消息传来，通钢部分职工找集团领导及建龙集团管理层抗议。2009 年 7 月 24 日上午，数千名通钢职工及家属向厂区聚集，打着口号，要求建龙集团撤出通钢集团。当日下午，通钢集团各车间员工停工后，也加入抗议队伍。2 天前刚刚接受建龙集团委派担任通钢集团总经理的陈国军赶来与干部开会。职工听说后，赶到开会处将陈国军围堵在办公楼内。当时陈国军要求工人复工，引起激愤，现场多人数次对他拳打脚踢，还有人向他扔矿泉水瓶及凳子，并将其从二楼楼梯推下。2009 年 7 月 24 日 18 时许，陈国军被围殴致死，医务人员和警方数次向里冲，均被人群堵在外面。

影响：此次重组被永久叫停

2009 年 7 月 24 日，吉林省国资委宣布，建龙集团将永不参与通钢集团重组，原因是通钢集团员工集体抵制建龙集团对其进行重组而诱发恶性事件。这也意味着民营钢厂重组吉林省属最大的钢铁企业协议被永久性终止，这一历时近 3 年的民企重组国企的案例最终以悲剧画上了句号。

正如前面所说，外在变革通常用计划和执行的管理手段即可实现，而变革管理的核心关键是对内在变革的管理。员工内心对变革的抵触不解决，变革就无法实现真正的成功，甚至会酿成悲剧。

内在变革管理需要领导力的介入。内在变革的真正领导者不仅包括企业的管理者，而且包括每个员工自己！因此，组织变革中需要的并不只是企业管理层的领导力，每个员工的自我领导力也尤为重要！

内在变革的 3 个阶段

变革权威专家威廉·布里奇斯（William Bridges）经过研究发现，每个人面对变革尤其是革命性变革都需经历 3 个阶段，只不过每个人经历每个阶段的时间和速度不同，这同组织以及员工个人对这 3 个阶段的管理水平有关。

阶段 1：告别过去

告别过去很可能意味着你要失去过去的生活和身份。你或许会感到一种突然的失落和迷茫，因为不知道前面等待你的会是什么。这个阶段人的典型心理和行为反应是震惊、抵制、气愤、怨恨、叹息和忧郁。你若是第一次经历剧烈的组织变革，而且对组织又一直抱有期望的话，这样的感受会尤为明显。

“变革管理”培训班中曾有一位学员分享他第一次失业的经历，他走在大街上甚至会有“魂断蓝桥”的冲动，可想而知“告别过去”是多么痛苦的一件事。我在霍尼韦尔工作时，因通用电气的并购意向使我的事业第一次遭受重创，也同样感受到了组织变革所导致的“告别过去”的煎熬。

阶段 2：中间地带

这一阶段已经克服了大部分变革初期造成的忧郁，但仍心情复杂，尤其对自己能力的怀疑加重。这是一个难熬的阶段，但同时又是一个蕴含创造力的阶段。中间地带是员工内在变革的核心。只有成功渡过中间地带，组织变革才有可能真正成功。

阶段 3：崭新开端

这一阶段你开始感受到新的人生价值和目标。接受了变革，并愿意在变革中积极进取。此时你很可能感悟，组织变革所带来的挫折，其实是你人生的一大财富！

如何管理内在变革阶段 1：告别过去

基于内在变革阶段 1 的特点，管理者在此阶段的工作重点为激发员工参与变革的动力，采取的具体措施如下。

- 沟通变革的意义。
- 帮助员工改善对变革的心智模式。
- 帮助员工扩展对自己的身份认知。
- 帮助员工改善面对变革的行为模式。
- 鼓励员工积极参与变革。

沟通变革的意义

- 通过站在员工的立场预计可能发生的抵制。抵制从某种程度说明员工对企业的忠诚，所以应理解、接受人们对过去的留恋，而不应简单、粗暴地对待员工的抵制。
- 向客户、企业、部门和员工本人说明变革的意义。
- 尊重过去，让员工明白什么必须结束，什么还将保留。
- 明确变革让人们失去了什么，将会得到什么。
- 让员工明白以什么方式、用多久就可以看到变革的好处。
- 鼓励员工就变革提出反馈，对反馈做出及时回应。
- 举行告别过去的仪式。
- 必要时，对抵制变革的顽固势力采取应有的制裁，绝不姑息。

帮助员工改善对变革的心智模式

游戏 9-1：变身

请你起立，然后按以下步骤进行。

- 对自己的身体做 5 个除身体之外的变化。
  - 我常常给学员的示范：①挽一下袖子；②摘下手表；③从裤子兜里掏出一样东西；④脱下一只鞋；⑤解开上衣的一个扣子。共 5 个变化。

   - 你要是做个鬼脸、拔一根头发或改变身体姿势，如由站立变为坐下，虽说也是变化，但这些都是身体的变化，不能算数。
   - 做这样的 5 个变化应该不难吧？（对许多人来说，5 个这样的变化只是“表面性变革”。）
- 在此基础上再做 10 个变化，仍不能是身体的变化，而且不能变回原样，如本来脱了一只鞋又穿上。（对某些人来说，这样的变化是“渐进性变革”。）
- 然后再做 50 个变化。（这至少是“持续性变革”了吧！）
- 接着再做 100 个变化呢？（从 5 个到 100 个，应该是“革命性变革”了吧！）

这是我在“变革管理”培训班中让学员体验的一个游戏。一般情况下，做 5 个变化没有谁做不到；再做 10 个变化就开始有学员犯难了；再做 50 个，很多学员会嚷嚷，甚至有人说再变根本不可能了。抵制、抱怨声不断，很像内在变革第一阶段人们所常有的反应。当然，也会有人说并不难。说不难的人，正如一开始就支持变革的人，确实不多。

为什么会是这样呢？那些觉得很难或不可能的人通常都是受了我摘手表、掏出东西、解开扣子和脱下鞋子的影响，形成了一个思维定式，认为除身体之外的变化只能是“脱”或“往外拿”，所以身上的东西会越来越少，而我并没有规定不能“往身上添加”。

那些认为并不难的学员，通常在做接下来的变化时，没有继续在自己的身上做文章，而是把注意力放到了外部，从其他学员的桌子上取一支笔、拿一张纸、端起一个杯子……放在自己的手中，这同样完成了身体之外的变化，因为你的身体上多了东西。

以上游戏给我们带来几个方面的启示。

- 表面性、渐进性变革不会引起员工明显的抵触情绪。

- 持续性、革命性变革很可能引起员工强烈的抵触情绪。
- 变革其实并不一定像想象的那么难以接受。人们常受习惯思维和从众心理的影响，在面对新的尤其是革命性变革时，心结难以打开。倘若镇静下来，换种角度看待该变革，迎接你的可能是人生的一片新天地！
- 面对变革，好好想想自己对变革的心智模式是不是应该“变一变”呢？
- 我要求学员“对自己的身体做 5 个除身体之外的变化”的口头说明的威力不如我的演示，证明言传不如身教。因此，变革要成功，管理者首先应成为变革先锋、行动楷模。

帮助员工扩展对自己的身份认知

游戏 9-2：我是谁

- 请取出 10 张便笺纸。
- 面对每张便笺纸都问同样的问题：“我是谁？”
- 在每张便笺纸上写下一个你对自己的身份定义。
    - ×××（你的名字）。
    - 我是××公司的一个部门经理。
    - 我是××公司的客户服务人员。
    - 我是电脑销售人员。
    - 我是未来的 CEO。
    - 我是一个孝顺的儿子。
    - 我是一个孩子的妈妈。
    - 我是一个中年人。
    - 我是一个热爱生活的人。

…………

- 假设组织变革已经来临，需要你放弃你的某些身份。倘若你只能保留一种身份，那么10种身份中你最不能放弃的身份是什么？

除了以上列举的身份定义，我还见到过如下回答。

- 我是一个销售全才。
- 我是一个负责任的人。
- 我是一个房奴。
- 我是一个丈夫。
- 我是一个助人为乐的人。
- 我是一个乐观的人。

…………

试想一下，如果一个人最不能放弃的身份是××公司的员工，那么××公司一旦需要裁员或外包，而这个人又正是裁员或外包的对象，那么他要“告别过去”将是多么困难；如果一个人最不能放弃的身份是房奴，那么他对稳定的收入会十分看重，他面对组织变革可能也会表现得战战兢兢；而如果一个人最不能放弃的身份是热爱生活，组织变革虽然会给他的生活带来变数，但他的心态是积极的，因此也会采取更加乐观的行动。

我曾花费了近3年的心血在国内为我供职的某一全球100强公司组建一家规模数亿美元的合资公司，那时我将自己的身份定义为“未来的CEO”，因为那是合资公司一旦成立后我将有的身份。然而，就在合资公司即将正式成立之际，另一家排名更靠前的大公司宣布并购这家100强公司，合资公司项目被搁置，最终流产，我的CEO美梦成了泡影。经过这次事业上的打击，我开始反思如何更好地定义自己的身份。倘若一个人总把自己的身份同地位、职位或专业联系起来，那么他的身份定义就过于狭窄了，一旦出现组织变革，他的身份定位就会变得相当脆弱，他的心理承受力也将经受严峻的考验！

那么，如何将一个人的身份定义得更加宽泛一些呢？

你必须将自己的心胸放得宽广一些，虽不一定非要做到“先天下之忧而忧，后天下之乐而乐”，但起码不要太以自我为中心，而是多想想你能为别人、为这个社会贡献点什么。譬如，把自己的身份定义为“一个丈夫”的人，组织变革同样可能会给他的家庭生活带来影响。然而，组织变革很难改变他的这一身份，那么对于他来说就更容易度过组织变革所需要的“告别过去”这一阶段，而继续承担他作为丈夫应尽的责任。这一责任感鞭策他不能被组织变革击垮。把自己的身份最终定义为“助人为乐”的人，组织变革会影响他的生活，但很难改变他的快乐源泉。

我在经历了那次事业挫折后，将自己的身份重新定义为“一个被别人需要的人”。我的妻子需要我，我的孩子需要我，我的父母需要我，我的兄弟姐妹需要我，我的同事需要我，社会需要我。正是这样一个身份定位，我对组织变革的态度变得泰然自若，因为我已不再在乎组织变革是否能够成功，也不太在乎变革将让我失去什么，而更在意我能给周围的人带去多少快乐，我能为变革做出怎样积极的贡献。怀着这种心态，我竟发现组织变革其实蕴含着难得的机遇，积淀着巨大的创造力。后来，柯达公司也正是看中了我这一点，在变革的关键阶段邀我加入，担任其内部的发展顾问。在我为其工作的两年中，公司又经历了并购、业务转让、生产外包、裁员、业务重组等一系列变革。在这个过程中，我并未坐等业务单位上门求助（其实本可以这么做），而是去主动寻找并发现了大量用武之地：图文影像集团并购其他公司后的文化整合与建设、传统与数码影像集团的客户维护与管理、医疗影像集团的业务转让和过渡、生产部门的外包和人才保留……在主动为这些业务单位提供咨询与培训的过程中，我不仅贡献了自己的价值，而且大大提升了个人综合素质。

帮助员工改善面对变革的行为模式

面对外在的变化（外在变革），个人能量通常有 4 种释放方式，如图 9-1 所示。

	可控制	不可控制
采取行动	掌控	挣扎
不采取行动	放弃	放手

图 9-1　个人能量的 4 种释放方式

- 对于可控制的事物采取行动，这种方式叫作“掌控”。例如，面对谈判对手，你是采取双赢的态度，还是针锋相对的策略，你自己是可以掌控的。
- 对于可控制的事物却不采取任何行动，这种方式叫作“放弃”。例如，一个人明知自己不运动是体重增加的重要原因，但仍不做任何体育锻炼，他就在放弃自己的健康。
- 对于不可控制的事物不断采取行动，这种方式最初还算作努力或挑战，但挑战过多就成了“挣扎”。例如，如果你指望天天买彩票而一夜暴富，这就是一种挣扎。
- 对于不可控制的事物挑战后不采取更多的行动，这种方式叫作“放手”。例如，一旦你知道组织变革将影响你在公司里的发展，适当尝试之后确实发现在公司里前途渺茫，不用感叹自己运气不佳，也不要抱怨公司朝令夕改，更不要对公司采取过激行为，而应早日放手，寻求新的出路。这便是我采用过的方法。

这 4 种方式中，健康的行为方式为掌控和放手。

在“告别过去”这一阶段，什么我们不应该放弃，而应该掌控？什么我们不应该挣扎，而应该放手呢？作为管理者，你应帮助员工明白以下几点。

- 首先必须要跳出自己的舒适区，重新审视自我。审视自我应从全面反思自己的生活目标、价值观、个性、兴趣以及能力开始，然后对自己进行多方面的定位，从而拓宽视野和人生范畴。
- 不应该放弃积极主动的心态，而要集中精力掌控自己应对变革的行为。例如，认真做好现有工作；努力学习，提升自我；勇于承担责任，解决问题，而不是牢骚满腹，怨天尤人；把自己当作一个服务中心，创造增加值。
- 是否喜欢变革已无足轻重，因为变革的速度会越来越快，旧的工作习惯很可能不再有效。因此，不要挣扎于挽留过去，而是要学会放手。电话的发明者贝尔有句名言：“有时我们在一扇渐渐关闭的门前踟蹰过久，却忽略了另一扇门早已慢慢开启。”

鼓励员工积极参与变革

- 识别员工中的精神领袖，想方设法邀请他们加入变革小组。
- 确定员工需要在哪些方面参与变革。
- 培养员工有效参与变革的相关技能。
- 重视员工的未来发展：更加关注绩效管理中员工个人发展计划部分，为员工提供职业生涯规划与发展方面的测评与培训。
- 奖励为变革做出突出贡献的员工。

如何管理内在变革阶段 2：中间地带

“告别过去”使员工犹如被突然推上了一条不知何时能到终点的海船，而进入内在变革阶段中的“中间地带”，员工就如同在风云莫测的汪洋中漂泊。这个阶段是混沌的，人的心情虽不像最初面对变革时那么偏激，但仍十分矛盾，尤其可怕的是孤独感的增强和自信心的减弱。

基于内在变革阶段 2 的特点，管理者在此阶段的重点工作为激发员工的创造力，为企业和自身发展发掘更多的机会。采取的具体措施包括鼓励员工多沟通、帮助员工提高韧性、帮助员工保持自信、发现并树立变革榜样。

鼓励员工多沟通

“中间地带”很容易让人滋生孤独感，原因之一是变革的马拉松效应（见图 9-2）。

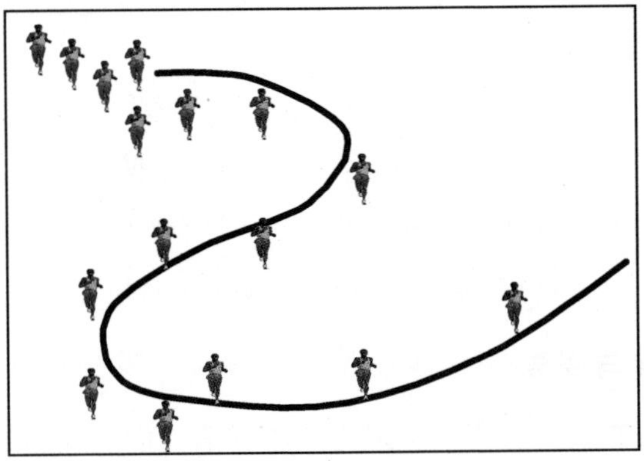

图 9-2　变革的马拉松效应

倡导和领导变革的人，眼光和境界已接近终点，有些人在紧追不舍，而更多的普通员工也许才刚刚上路。那些跑在后面的员工，如果得不到前行者的信息和关照，他们很可能会感到孤立无援，迷茫无奈。

实践证明，组织变革的阻力很多情况下是由于变革的领导者与员工的沟通不够造成的。

管理者也要同员工说明，不能指望上级传达的信息总能令大家满意。变革对于员工和管理者来说都是一个艰难的过程。管理者在变革的马拉松中虽说可能比员工跑得更快，但毕竟他们也还没有到达终点，未来仍旧是个未知数。所以，作为员工，也要体谅管理者的难处，他们跑在前面形单影只，其实也是孤独的，过多的抱怨无济于事。

所以，管理者应鼓励员工多沟通。

- 多与上级沟通，了解组织变革的进展与前景。
- 多与人力资源部门沟通，发现新的施展才能的工作机会。
- 多与同事沟通，一起探讨个人发展策略。
- 多与朋友沟通，扩展自己的视野。

帮助员工提高韧性

变革是对一个人的韧性的考验。韧性是一个人处变不惊的能力，是一个人情商高低的重要体现。韧性越强，我们就越能处理好外在变革所带来的内在变革（见图 9-3）。韧性是这个时代管理者的必备素质。韧性强的人通常具有以下 5 个特征。

- 积极：视生活为挑战，但充满机遇。
- 专注：目标明确。
- 变通：容忍不确定性。
- 清醒：善于在模糊中厘清头绪。
- 主动：参与而不是回避变革。

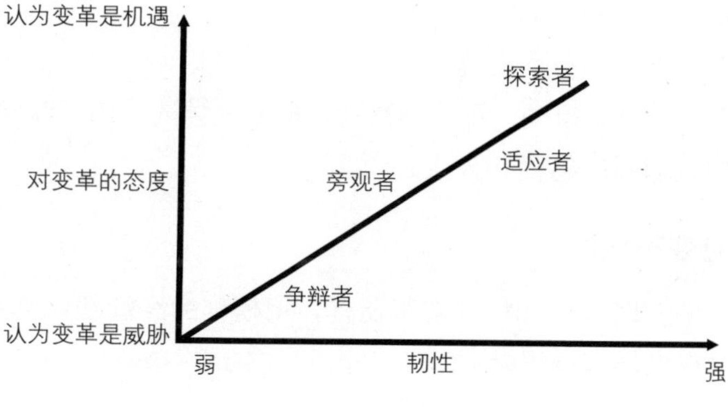

图 9-3　韧性与对变革的态度

如图 9-3 所示，韧性强的人是在变革中敢于探索的人。他不是被动地去适应突如其来的变化，也不是旁观别人如何采取行动然后随波逐流，更不去争辩为什么是他而不是别人被推上了这条船，而是以乐观的心态，积极主动地去发现组织变革中能够体现自身价值的机会并参与进去。面对的变革即使是一场危机，他也明白，“危机”的奥妙就在于“危险中”蕴藏着“机会”——创造的机会，新发现的机会！他会同企业一起充分利用好这样的机会。

帮助员工保持自信

内在变革最危险的是对一个人自信心的摧残，而这往往发生于“中间地带”。一个人一旦失去了自信，很容易自暴自弃，成了变革的牺牲品不说，还可能成为变革的绊脚石。

对于成功人士，我们往往关注他们成功的结果，而其实成功的背后积聚的是漫长的“中间地带”、一次次的摸索尝试、持续不断的信念动摇与坚定的轮回。最终，挫折和失败没有夺去他们的自信，他们因此成功了！

管理者此时更要发挥作为员工教练和导师的作用，帮助员工保持自信，从不同方面鼓励他们。

- 相信自己是独特的。
- 不放松学习和自我提高。
- 行动、行动、行动！哪怕不喜欢，也要去尝试一切可以尝试的机会，从中获取新的感悟和人生方向。

发现并树立变革榜样

在员工中及时发现和树立变革榜样，用榜样的经验和体会激励更多员工为变革过程做出积极贡献。

如何管理内在变革阶段 3：崭新开端

进入内在变革阶段中的“崭新开端”，组织变革的前景趋于明朗，员工的心情也如雨过天晴，感到自己同企业一起实现了一次伟大的涅槃！这个阶段管理者的重点工作为总结变革经历和经验，巩固和深化企业的变革文化。

这一阶段需要重点总结的内容如下。

- 刚刚经历的这次组织变革的形式和性质。
- 面对变革不同利益相关者的反应。
- 企业和员工是如何“告别过去”的？
- 企业和员工是如何渡过“中间地带”的？
- 变革过程中对于企业和员工来说最难的是什么？
- 什么契机或事件是变革过程的转折点？
- 倘若遇到新的组织变革，企业将如何更好地应对？
- 通过这次变革，企业的管理和领导力应做哪些改善？

组织变革随时都可能发生已成不争的事实。面对变革员工只有拥有恰当的心智模式，管理者拥有有效的变革管理技能，企业和员工才能像冲浪手那样，不被组织变革的大潮吞噬，而是乘风破浪，勇往直前！

思考

- 你经历过什么重大变化或组织变革吗？从中获得了怎样的感悟？
- 你所能预见的本人或本组织的新变革会在何时？将是一场什么样的变革？
- 作为管理者，你将如何应对可能出现的新变革？

收获及行动计划

主要收获	在工作和生活中 如何应用	怎样检验应用 （知行合一）的效果
1.		
2.		
3.		
4.		
5.		
……		

功夫十

创新管理

变革与创新如影随形，常常被相提并论，但管理者必须明确二者的区别。变革通常是对组织层面政策、结构、流程等方面实施的变化，驱动力一般来自外部环境，开展方式往往是自上而下的；创新的对象则通常是产品、技术及经营或管理模式，驱动力一般来自企业内部，开展方式往往是自下而上的。

变革不一定引发创新，如企业并购、业务重组、人员调整等变革形式；但创新通常会引发变革，如苹果公司带给手机行业的撼动。由创新引发的变革，不仅会影响一个企业的命运，而且有可能改变一个行业甚至一个时代的走向，互联网技术的出现带来的诸多变化就是一个极为有力的证明。

然而，变革和创新对于组织的意义都在于使其基业长青。因此，创新管理与变革管理一样，都是管理者的必备技能。

本门功夫的要领

- 创新的含义、类型与基础
- 创新型公司的 3P 基因
- 创新的来源
- 创新思维与方法

创新的含义、类型与基础

创造力、创意与创新

讲创新，我们不能不提创造力和创意这两个概念。

概括来说，创造力是指人运用一切已知信息，产生某种新颖、独特、有社会或个人价值的新思想、新发明、新发现的能力。创造其实就是把事物巧妙地联系起来。

创意是将新思想、新发明、新发现的价值体现出来的点子。创意必须能够被体现和表达出来。

创新是将创造力和创意转化为生产力的实践和过程，即创造力和创意只有转化为对人有益的成果，才能被称为创新。也正因此企业界有这样的说法：有创造力、有创意的公司比比皆是，但能够创新的公司却寥寥无几。

创新的类型

从市场角度来说，创新可以分为两类：突破性（或称颠覆性）创新和改善性（或称延续性）创新。

突破性（颠覆性）创新

突破性创新是对消费者需求在简便性、易得性、快捷性、愉悦性、审美性等方面实现的突破性满足。

- 飞机相比火车在快捷性、愉悦性方面的突破。
- 个人计算机相比大型计算机在简便性、易得性方面的突破。
- 电商相比实体店在简便性、快捷性方面的突破。
- 苹果手机相比其他手机在简便性、愉悦性、审美性方面的突破等。

改善性（延续性）创新

改善性创新是对产品、服务在性能、功能方面的改善。

- 火车在速度上的提升。
- 微软 Windows 版本的升级。
- 京东从专卖大家电到全品类销售。
- 微信不断推出的新功能，如公众号、红包等。

从企业自身角度来说，创新主要有三大类型。

- 文化创新，包括观念创新、行为创新。
- 管理创新，包括制度创新、管理方式创新。
- 经营创新，包括经营（商业、业务）模式创新、技术创新、运营创新、产品创新、服务创新、营销创新。

创新的基础——转换心智模式

心智模式是人们看待外在世界的观点、价值观，简言之，即一个人的思维模式。心智模式的威力极为强大。刘翔在2004年雅典奥运会上夺得的那块110米跨栏金牌的意义，绝不仅限于中国实现了奥运田径项目新的突破。它的意义更在于全世界都普遍认为“黄种人无法在短道田径项目中战胜黑种人和白种人”的心智模式从此被改变了。而你是否知道，正是因为世人的这一心智模式，刘翔曾在法国的一次比赛中获得第三名的成绩，由于裁判怀疑记分牌有误，竟要把铜牌颁给一个摔倒了的成绩不佳的黑人运动员。尽管最后刘翔还是拿到了这块铜牌，但这件事大大刺伤了他，他下定决心一定要成为这一项目的世界冠军。倘若刘翔的心智模式不超越世人的偏见，怎么可能在雅典奥运会中夺冠呢？

人类如果恪守“马车才是车”的心智模式，汽车不可能被市场化；如果恪守“大型计算机”才能处理复杂事务的心智模式，个人计算机不可能普及；如果恪守“只有富人才有能力借贷还钱”的心智模式，小额信贷银行或业务就不可能出现；如果恪守“隐私”的心智模式，就不可能有Airbnb和优步这样的企业诞生……

转换心智模式是一切创新的开始！转换心智模式必须开放心态，克服从众、依赖、自卑、自负、懒惰、畏惧、固执、教条的心理和行为倾向或习惯。

创新型公司的 3P 基因

创新型公司的基因可概括为 3 个方面：人才（People）、流程（Process）和理念（Philosophy）。

人才

创新型公司拥有更多擅长“发现”技能的人才，而且善于战略性地使用这些人才。创新型公司管理层和每个职能部门的发现技能都很强，而且在经营和管理过程中，决策者的发现技能和实现技能搭配得当（请参考发现和实现技能测评）。

发现技能主要是指联系、发问、观察、交际、实验 5 项技能，具体做法会在下文讲解。实现技能包括分析、计划、细节化实施和纪律化管理。

创新型人才经常会表现出一种改变世界、有所作为的热情，除了拥有很强的发现技能外，往往还具备“T”形特点：精通某一领域，同时从其他领域获得灵感。拥有这种知识结构的人才，通常会采用两种方式产生创新联系。

- 从其他领域引入一个想法，植入自己精通的专业领域。
- 从自己精通的专业领域获取一个想法，植入自己略懂的其他领域。

发现和实现技能测评——你的发现技能和实现技能是如何组合的

1 分=十分反对　2 分=有点反对　3 分=既不同意也不反对

4 分=有点同意　5 分=十分同意

1．我的想法或看问题的角度总是和他人背道而驰。

2．在工作中，我总是小心翼翼，避免犯哪怕一个错。

3．我总是会提出一些挑战现状的问题。

4．在工作中，我极为有条理。

5．直接观察人们和产品或服务互动时，我经常会有新的想法。

6．完成工作任务时，我必须保证每件事都“做对”了。

7．我常常通过借鉴别的行业、领域或学科的解决办法或想法，找出问题的解决办法。

8．在没有深思熟虑、考虑全面之前，我绝对不会贸然展开新项目或事业。

9．我经常实验创造做事的新方法。

10．无论有何阻碍，我总是会有始有终地完成任务。

11．我经常和各界人士谈话（如来自不同业务板块、组织、行业、地区的人士），以期找到并完善新想法。

12．我很善于将一项目标或计划精分成许多小任务来完成。

13．我会参加一些会议（包括我的专业领域会议和其他领域会议），以结识新的人，了解他们所面临的问题。

14．我十分密切地关注工作细节，以保证不忽视任何环节。

15．通过阅读书籍、文章、杂志、博客等，我积极努力地保持与时俱进。

16．我要求自己和他人对结果负责。

17．我经常问“加入某事如何，会如何”这样的假设问题，以激发对新的可能性和领域的探索。

18．我长久以来都会信守所有承诺，做事有始有终。

19. 我经常观察顾客、供应商和其他机构的行为，以获得新的想法。

20. 我一直以来都会制订详细的计划以完成工作。

分数统计：

	发现技能（奇数题目分数相加）	实现技能（偶数题目分数相加）
≥45 分	很高	很高
40～44 分	高	高
35～39 分	中等偏高	中等偏高
29～34 分	中等偏低	中等偏低
≤28 分	低	低

资料来源：《创新者的基因》，作者杰夫·戴尔，赫尔·葛瑞格森，克莱顿·克里斯坦森。

流程

创新型公司会系统地制定鼓励员工运用发现技能的组织架构、制度或流程。

- 设立专门负责创新的高管职位。例如，宝洁公司就有负责设计、创新和战略的副总裁。
- 建立与发现技能相关的关键流程。例如，宝洁公司设有观察顾客的特定程序；亚马逊将实验制度化，以便员工更有效地发现新的产品或服务流程。
- 支持创新活动，扫除可能的创新障碍。例如，通用电气设立了一个由 10 多位企业高管组成的商业理事会。该理事会定期召开会议，讨论须优先实施的创新提案和发展规划，并向这些提案和规划提供各种资源。宝洁公司设立了 1 亿美元的“企业创新基金”，专门用于支持那些不适于常规发展流程的创意。宝洁的许多核心品牌都聘请了外部咨询委员会，以及时了解重大科技发展。

- 建立创意“孵化器”，将创意设想现实化。例如，壳牌石油的“游戏规则颠覆者”部门协助公司推动了许多创新理念的实施。如果没有这一部门，这些创意最后很可能都会被束之高阁。
- 建立创新自主发展团队。例如，思科公司的新兴技术集团有权独立开发价值数十亿美元的业务；宝洁公司设立了一个叫作“未来工程”的独立发展团队，专门致力于“创建未来的品牌”。
- 将创新培训常规化。例如，农业化学品巨头先正达公司专门开设了创新课程，以帮助员工使用颠覆性创新工具和方法来解决具体的商业问题。

理念

创新制度的背后是 4 项鼓励员工创新的指导原则：①创新是每个人的职责；②创新是企业经营的一部分；③自由设立小型创新项目团队；④接受风险，容忍冲突。

创新公司应鼓励和培养员工的 3P 心态。

- Positive：有想法就好。每个点子都有价值。
- Prolific：越多越好。点子越多（一般不能少于 40 个），就越有可能获得突破性的创意。
- Playful：越疯越好。放松心情，任思路驰骋。驯化一个疯狂的想法，比绞尽脑汁让一个平庸的点子变得惊人容易得多。

很多创新型公司还塑造了反映领导人个性和行为习惯的文化。例如，乔布斯乐于问“为什么‘不’”和“为什么”，苹果的员工也是如此。

创新的来源

创新是将创造力和创意转化为生产力的实践和过程。创造力和创意是创新的源头。

创造力

每个人都具有创造力，只是强弱程度不同。譬如，你意识到自己最有创造力（或者说灵感）的时间、场合了吗?

瑞典一个创造力研究机构经过全球范围的调查后发现，人最具有创造力的时间和场合（5B）如下所述。

- 酒吧或与人聊天时（Bars）。3M、谷歌和腾讯等公司在公司内为员工提供专门场地、可口饮食，以促进员工通过自由交流引发创新。
- 卫生间/浴室（Bathrooms）。
- 旅行、旅游当中［Buses（Beach）］。宝洁公司的“克雷街项目”为创新团队寻找灵感专门建设了一个独立于办公场所之外的创意空间。
- 床上（Beds）。例如，谷歌（中国）在上班期间为员工提供按摩服务。
- 无聊的会议中（Boring Meetings）。

其他时机还包括同孩子一起玩耍或处在压力中时，即所谓的急中生智等。

创意

IBM 商业价值研究院的调查表明，企业新创意的来源如下所示。

- 员工。

- 业务合作伙伴。
- 客户。
- 咨询专家。
- 竞争对手。
- 协会/商业展览及会议。
- 内部销售和服务部门。
- 内部研发机构。
- 学术研究机构。

…………

德鲁克总结的企业创新的 7 个来源

德鲁克认为，所有的创新机会都来自外界环境的变化。他把发现创新机会当作有目的、系统的工作，这套发现新机会的办法是完全可以教授的，可以当作一套工具来运用。他将归纳的企业创新的 7 个来源分成了两组，第一组 4 个来源，第二组 3 个来源（见表 10-1）。

表 10-1 德鲁克总结的企业创新的 7 个来源

企业创新的来源		举 例
第一组：来自企业和行业内部	1．意外事件	最有名的例子是 3M 的报事贴（Post-it）
	2．不协调事件	优步模式产生的原因之一是上下班早晚高峰打车难的状况
	3．程序的需要	电话订票、网上订票解决了售票处购票单一、麻烦的问题
	4．产业结构和市场结构的改变	汽车产业在中国的快速发展带动了相关服务业的发展
第二组：来自企业和行业外部	5．人口变化	“90 后”进入就业市场带动互联网经济更加兴旺
	6．认知和情绪的改变	农民工法律意识的增强引发律师事务所新业务的产生
	7．新知识的产生	医学新知识催生新药的发明

创新思维与方法

创新思维与方法包括以下几种。

- 灵感思维。如前所述，每个人都有灵感，找到你的灵感时机。
- 联想思维。方法有发现技能“联系”、水平思考技能“随机词”“概念提取”等。
- 发散思维。方法有水平思考技能“许愿”“夸张”等。
- 质疑思维。方法有发现技能“发问”、水平思考技能“挑战”等。
- 逆向思维。方法有水平思考技能“反向”等。
- 互动思维。方法有发现技能“观察”、“交际”和“实验”等。

更多有关发现技能的知识请参考杰夫·戴尔、赫尔·葛瑞格森和克莱顿·克里斯坦森合著的《创新者的基因》一书；更多有关水平思考技能的知识请参考爱德华·德·博诺《水平思考法》一书。

灵感思维

回顾前面提到的人最有灵感的时间和场合。你找到自己最有灵感的时候了吗？如果找到了，就要好好利用它！

联想思维

发现技能：联系

谷歌的创始人之一拉里·佩奇（Larry Page）将看似不相关的学术文献的引用和网络技术联系起来，从而创建了一个奇异的组合，最终创建了谷歌。

作为斯坦福大学的博士生，佩奇知道，学术期刊和出版社是根据每年累积的被引用次数给学者排名的。他意识到，谷歌也可以使用相同的方法给网站排名。正如按照被引用次数给学者排名一样，链接越多的网站（就是被选中次数最多的网站），被点击次数就越多。有了这一联系，佩奇和谢尔盖·布林开发了搜索引擎谷歌。

水平思考技能：随机词

当你面临一个新情况，需要一个思考的起点，或者同样的想法始终困扰着你，思路无法打开时，随机词可派上用场。

任何事物都能用作随机词，但一定是名词。假如你听到鸟叫，你可以使用的随机词便是“鸟”。随意从报纸或词典中找出一个名词，创意便可从这个名词展开了。

运用随机词进行创新的步骤如表 10-2 和图 10-1 所示。

表 10-2　运用随机词进行创新的步骤

步　骤	示　例
1．选择一个创新点	创新点：认可员工表现的新方法
2．输入一个随机词	随机词：厨房
3．将随机词与创新点排列到一起	认可员工表现的新方法⇦厨房
4．列出由随机词引发的联想	厨房可引发的联想有 • 吃 • 碰杯庆贺 • 聚会场所 • 厨师 ……

续表

步　　骤	示　　例
5. 由随机词所引发的联想对焦点提出创意	● 吃 ➢ CEO 与表现出色的员工每月共进晚餐一次，加深交流 ● 碰杯庆贺 ➢ 主管和同事拿着奖品出其不意地闯进员工办公室为员工颁奖 ➢ 管理层在每月一次的晚宴上向员工敬酒 ……
6. 如果感到创意还不够丰富，可以对随机词展开更多联想，或者更换一个随机词继续进行	厨房还可以联想到“餐具”“火苗”“作料”等，随机词还可以换成“帽子”

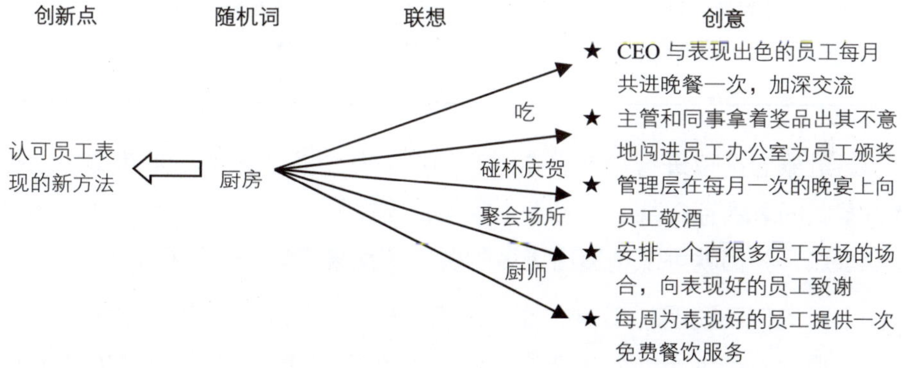

图 10-1　运用随机词进行创新的步骤

通过随机词进行创新需要注意的是，避免与你以往的相关经验联系起来，随机词与创新点的差别越大越好。尽量从一个新联想中衍生出更多的创意。不要太频繁地变换随机词。即使你觉得不可能从随机词中获得什么灵感，也要坚持几分钟。

水平思考技能：概念提取

运用概念提取进行创新的步骤如表 10-3 所示。

表 10-3　运用概念提取进行创新的步骤

步　骤	示　例
1．选择一个创新点	创新点：减轻压力
2．围绕创新点产生一个方法（主意）	减轻压力的一个方法是外出散步
3．从这个方法中提炼概念。概念一般是通过问“这个方法有什么作用”这一问题得出的	外出散步有什么作用 ——锻炼身体
4．根据所提炼的概念产生新的备选方案，即“还有其他方法来实现同样的概念（效果）吗？”	锻炼身体的方法还有游泳
5．在每个概念的基础上添加新的主意	锻炼身体的方法还有举重、慢跑、爬山等
6．对新的主意按步骤 3、4、5 进行操作，可以产生更多的创意	爬山可以提炼的概念是“亲近大自然” 你还有什么其他亲近大自然的方法 外出散步可以提炼出“转移注意力”的概念 你还有哪些转移注意力的方法

通过概念提取进行创新需要注意的是，各个备选方案不是随意的，备选方案之间必须存在某个联系点（概念，或称固定点）。一旦我们找到了这个联系点，我们就可以创造出更多的备选方案来实现同一目标。

上面的例子说明，不存在唯一正确的概念。一个方法可以提炼出一个以上的概念。其他不同的备选方案会产生更多的概念。如果一个方法看起来适合多个概念，那就在每个概念下都写下这个方法。检查确保每个方法都符合创新点。如果是开展团队创新，可以让团队中一个善于概念思维的人负责提炼概念。

发散思维

水平思考技能：许愿

许愿是创造一个幻想或白日梦，是“如果……那不是很好吗”这样的思维方式。例如，现在你每周健身 3 次，你感觉耗时太多，所以你许愿：若躺在床上看书也能起到健身作用该多好！沿着这个思路，你是不是会有什么新点子呢？

水平思考技能：夸张

夸张是提出一个超越常规范围的尺度。例如，同样还是每周健身 3 次这个例子，夸张的方法为“你每时每刻都在锻炼身体”。这又会激发你怎样的灵感呢？

质疑思维

发现技能：发问

通过提许多问题，艾伦·G. 雷富礼（Alan G. Lafley）改变了宝洁公司的运作模式。在与人交谈和开会时，他总是开门见山地问：“你的目标顾客是谁？顾客需要什么？你对顾客了解多少？你的顾客想要的体验究竟是什么？顾客觉得现在的产品少了什么？”而在谈有关品类的工作时，他常常会问：“你对不同板块的顾客了解多少？不只是地理位置上的了解，还有心理上的了解，我们知不知道他们现在没有得到满足的最大需求是什么？他们现在最不满意的部分是什么？”

乔布斯重返苹果公司之后，提出了以下问题：“如果钱不成问题的话，你会做什么？”这样的问题激发了苹果公司新产品和服务的研发。这样的问题意味着，苹果公司在追求卓越的时候，不理会各种限制，包括顾客现有的喜好，甚至为满足顾客愿望所需的成本。

水平思考技能：挑战

创造性挑战不是批评，而是对现有方法的不满足。即使事物看起来完美无瑕，也可以对其发起挑战，即所谓“没有最好，只有更好”。挑战是任何一种改变过程的必要组成部分。当我们不满足于现状，或者希望对现状做出改善时，我们都可以运用挑战工具进行创新。

可被挑战的对象首先是现实里的客观状况，如一个事物/情况的整体或部分、一个体系或过程、一个概念，然后是人们的观念。挑战观念是最为困难的，正如前面我们提到的心智模式的转换。

如果我们对酒店的商务客房进行挑战，可被挑战的对象如图 10-2 所示。

A. 现实里有什么			
床	电话	卫生间	洗漱用具
书桌	上网连接	清扫服务	……
B. 现行思考			
主导观念或信念：为什么这个（酒店客房）会存在 例如，酒店客房是休息、放松和与工作保持联系的地方			
边界：限制或约束条件是什么 例如，陌生的宾客不能共享一个房间			
假设：我们把什么视为理所当然 例如，客人通常不在同一时间到达和离开			
基本因素：我们认为必须包含的因素有哪些 例如，安静、卫生、卫浴设备			
应避免的因素：我们要努力避免什么 例如，不干净、不安全			

图 10-2　酒店商务客房可被挑战的对象

运用挑战进行创新的步骤如表 10-4 所示。

表 10-4　运用挑战进行创新的步骤

步　　骤	示　　例
1．选择一个创新点	创新点：对酒店商务客房提出新创意
2．列出与创新点相关的客观情况和现行观念	如图 10-2 所示
3．从列出的各项中选择一个挑战对象	如床、洗漱用具、陌生的宾客不能共享一个房间
4．运用挑战工具 CBA，产生创意	如图 10-3 和表 10-5 所示

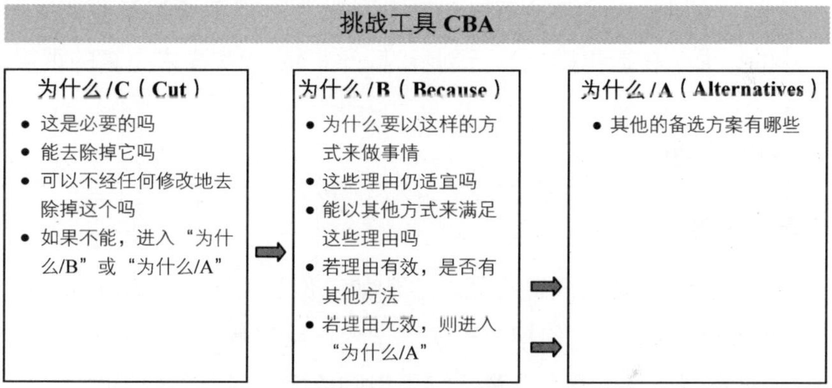

图 10-3　挑战工具 CBA

表 10-5　对酒店商务客房的 CBA 挑战

C：是否能去掉	B：原因是什么	A：有什么替代方法
床：可以去掉，但需要有替代品	床用来睡眠	沙发床、榻榻米
洗漱用具：可以去掉	带自己的洗漱用具更健康	
陌生的宾客不能共享一个房间：可以适当调整	飞机延误时，航空公司为乘客提供的免费休息房间通常就是陌生宾客共享一个房间	• 客房紧张时提供按床位收费服务 • 为有与陌生人共享房间意愿的客人提供社交活动

《蓝海战略》中提出的创造新价值的 4 步动作框架可以说是对挑战工具的另一种阐释。

第 1 步，哪些行业中被认为理所当然的因素应该被“**剔除**”？

第 2 步，哪些因素的含量应该“**减少**”到行业标准以下？

第 3 步，哪些因素的含量应该“**增加**”到行业标准以上？

第 4 步，哪些行业内从未提供过的因素应该被“**创造**”？

要做好能带来实质性创新的挑战，事先对事物的现状了解得越全面、深入越好。在挑战时，不应只关注事物的缺点，还要重视那些让人感到理所当然的方面。在运用挑战进行创新时，你会发现实事求是真的很难。

逆向思维

水平思考技能：反向

反向是逆着常规方向进行思考。例如，你每天晚上查看 E-mail，反向就是“E-mail 查看你”；你把孩子送到学校，反向就是“孩子送你到学校”。“E-mail 查看你”可以激发创意，如用电脑监控你在家办公的时间，以便抽出时间多陪家人；“孩子送你到学校”可以激发你去思考怎样帮助孩子更好地成长。

互动思维

发现技能：观察

印度资本巨鳄拉坦·塔塔（Ratan Tata）最初观察到一家印度人在雨中挤在一辆女式摩托车上，这个观察使他意识到，女式摩托车没有很好地完成任务，无法保证这一家人出行的安全，也无法遮风避雨，这家人需要更加安全的交通工具，比如汽车。于是，塔塔开始了多年的实验，生产出了一款印度中产家庭能够买得起的廉价汽车。

如果能够一边观察，一边提出问题，会比不这样做有更多的发现。捷蓝航空公司和阿苏尔航空公司的创始人大卫·尼尔曼（David Neeleman）的长处之一就是，能够长时间观察一个已有的程序或做法，然后自问："为什么不换种做法？"尼尔曼第一次创办的莫里斯航空公司是一家包租航空公司。当时，人们视机票为现金，丢了机票就是丢了现金，这就给乘客和航空公司都造成了麻烦，因为乘客要承担丢失机票的风险，而航空公司要凭借机票安全送达乘客。尼尔曼不禁想："为什么我们把机票当作现金呢？有更好的方法吗？"这个问题激发了一个想法："其实可以在乘客购买机票时给乘客一个密码，他们到机场的时候，只要出示身份证，把密码告诉我们即可登机。为什么不这样做呢？"这个想法使得电子机票成为现实。后来西南航空公司收购了莫里斯航空公司，这种做法也随之风行业内。

发现技能：交际

- 内部交际。在谷歌，创新是十分民主的。谷歌让市场力量来决定哪些创意值得推进。项目和创意显示到内部电子创意交流公告板上之后，公司的所有员工都可以为创意评分，并给出反馈。谷歌一年举办 4 次"创新挑战赛"，要求员工向高管提交创意以供评阅，获胜的创意将获得所需的资源。谷歌还通过给员工提供免费饮食来促进内部交际。一位软件工程师说："谷歌提供免费食物，绝不仅仅是为了让员工吃上美味健康的食品。你旁边坐的人也许是在你不感兴趣的领域工作，但很有可能随着你们的讨论，突然之间就出现了一些你们都用得上的新想法。"
- 外部交际。2008 年，谷歌和宝洁为激发创新相互交换了员工，大约有 24 名人力资源和营销部门的员工花了三个月时间参加对方公司的培训项目和会议，了解对方是如何确定业务计划的。宝洁是消费品巨头，每年广告花费巨大，但很少做网络广告；而谷歌是在线搜索之王，大部分盈利来自网络广告。谷歌的员工观看了宝洁为帮宝适产品线组织的一次大型推广会，他们发现推广会请来好莱坞影星助阵，却没有邀请“妈妈博主”参加新闻发布会，这令他们感到非常震惊，因为“妈妈博主”在博客里专门写育儿心得，有很多粉丝。在谷歌员工的建议下，宝洁邀请了十几位“妈妈博主”参观其婴儿产品部。她们参观了生产设备，会见了尿布主管，还学到了尿布设计的基本知识。她们把这些内容发表到博客中之后，网站的浏览量增加了 10 万～600 万次。

发现技能：实验

大多数创新者都至少会进行 3 种实验中的一种。

- 第 1 种是通过探索尝试新的体验。例如，乔布斯会去印度修行，或者上书法课。
- 第 2 种是拆解，包括动手拆解和动脑拆解。例如，戴尔在 16 岁时拆解了一台个人电脑。
- 第 3 种是通过试点和产品原型来检验一个想法。例如，贝佐斯的亚马逊在线书店取得最初的成功之后，并没有故步自封，而是将其发展成一家在线折扣零售店，销售从玩具到电器等一系列的产品。

3M、谷歌、宝洁等公司都制定了规则，允许员工将 15%～25%的工作时间用于“谋事”，即实验自己的想法，其他时间用于“成事”，即完成自己的分内工作。

在实施创新之前，还需要对通过运用以上方法形成的创意进行评估。创新团队每位成员都可采用创意评估表（见表 10-6）对创意进行打分（1～10 分，10 分最高），然后得出集体意见。

表 10-6　创意评估表

	创意 1	创意 2	创意 3	创意 4	创意 5
需求：这个创意具备市场需求吗					
好处：好处的大小和受益方的多寡					
可行性：可以立即实施吗					
可接受度：易被人接受吗					
成本：符合预算吗					
风险：大小和避免的难易					
适合度：适合本企业吗					
独特性：在市场上具有独特性吗					
总分					

创新是要将创意成果变为现实，转化为生产力。企业是否能够真正成为创新型组织，还要依靠其创新管理和执行力的水平。创新应该并且能够发生在企业的每个人身上。从小题目开始练习，庆祝每一次的创新成功！

思考

- 你所在的公司在发现（创新）和实现（绩效）两个方面的工作平衡得怎样？
- 创新对于你的部门和你的工作意义有多大？
- 运用本门功夫中的适当方法，针对以下问题进行创新。
  - ➢ 公司的某个核心产品。
  - ➢ 为客户提供贴心服务。
  - ➢ 你的结婚周年庆祝。
  - ➢ 本企业的创新管理。

收获及行动计划

主要收获	在工作和生活中如何应用	怎样检验应用（知行合一）的效果
1.		
2.		
3.		
4.		
5.		
……		

参考文献

[1] 亨利·法约尔. 工业管理与一般管理[M]. 迟力耕，张璇，译. 北京：机械工业出版社，2013.

[2] 彼得·德鲁克. 管理：使命、责任、实务[M]. 王永贵，译. 北京：机械工业出版社，2009.

[3] 沃伦·本尼斯，伯特·纳努斯. 领导者[M]. 方海萍，译. 北京：中国人民大学出版社，2008.

[4] 约翰·加德纳. 论领导力[M]. 李养龙，译. 北京：中信出版社，2007.

[5] 詹姆斯·M. 库泽斯，巴里·Z. 波斯纳. 领导力：如何在组织中成就卓越[M]. 徐中，周政，王俊杰，译. 5 版. 北京：电子工业出版社，2013.

[6] 罗布·戈菲，加雷思·琼斯. 你凭什么领导别人[M]. 周新辉，译. 北京：商务印书馆，2008.

[7] 戴夫·乌尔里克，诺姆·斯莫尔伍德. 领导力品牌[M]. 刘安国，解献芬，译. 北京：商务印书馆，2009.

[8] 孔子. 论语[M]. 张燕婴，注. 北京：中华书局，2006.

[9] 李耳. 道德经：老子[M]. 邱岳，注. 北京：金盾出版社，2009.

[10] 稻盛和夫. 阿米巴经营[M]. 陈忠，译. 北京：中国大百科全书出版社，2009.

[11] 李凯城. 向毛泽东学管理[M]. 北京：当代中国出版社，2010.

[12] 保罗·赫塞. 情境领导者[M]. 麦肯特企业顾问有限公司，译. 北京：

中国财政经济出版社，2003.

[13] 斯蒂芬·德罗特. 业绩梯队[M]. 孙贺影，刘景梅，欧阳凌翔，等译. 北京：机械工业出版社，2012.

[14] 拉姆·查兰，斯蒂芬·德罗特，詹姆斯·诺埃尔. 领导梯队[M]. 徐中，林嵩，雷静，译. 北京：机械工业出版社，2011.

[15] 孙武. 孙子兵法[M]. 郭化若，今译. 上海：上海古籍出版社，2009.

[16] Peter F. Drucker. The Five Most Important Questions You Will Ever Ask About Your Organization[M]. San Francisco：Jossey- Bass，2008.

[17] 杰克·特劳特，史蒂夫·里夫金. 重新定位[M]. 谢伟山，苑爱冬，译. 北京：机械工业出版社，2011.

[18] 艾·里斯，杰克·特劳特. 定位：争夺用户心智的战争[M]. 顾均辉，苑爱冬，译. 北京：机械工业出版社，2015.

[19] 亚历山大·奥斯特瓦德，伊夫·皮尼厄. 商业模式新生代[M]. 黄涛，郁婧，译. 北京：机械工业出版社，2016.

[20] 罗伯特·卡普兰，大卫·诺顿. 平衡计分卡：化战略为行动[M]. 刘俊勇，孙薇，译. 广州：广东经济出版社，2013.

[21] 迈克尔·波特. 竞争战略[M]. 陈丽芳，译. 北京：中信出版社，2014.

[22] William G. Dyer，W. Gibb Dyer，Jr. and Jeffrey H. Dyer. Team Building，4th [M]. New York：John Wiley & Sons，Inc.，2007.

[23] 埃里克·施密特，乔纳森·罗森伯格. 重新定义公司[M]. 靳婷婷，陈序，何晔，译. 北京：中信出版社，2015.

[24] R. 梅雷迪斯·贝尔宾. 管理团队：成败启示录[M]. 郑海涛，译. 北京：机械工业出版社，2001.

[25] Bruce W. Tuckman. Developmental Sequence in Small Groups[J]. Group Facilitation，1965（3）：66-69.

[26] 拉里・博西迪，拉姆・查兰，查尔斯・伯克. 执行：如何完成任务的学问[M]. 刘祥亚，译. 北京：机械工业出版社，2011.

[27] 费迪南德・佛尼斯. 员工激励 16 法[M]. 张帅，译. 海口：海南出版社，2001.

[28] Timothy Gallwey. The Inner Game of Tennis[M]. New York：Random House TradePaperbacks，1997.

[29] Timothy Gallwey. The Inner Game of Work[M]. New York：Random House Trade Paperbacks，2001.

[30] 史蒂芬・柯维. 高效能人士的七个习惯[M]. 高新勇，王亦兵，葛雪蕾，译. 30 周年纪念版. 北京：中国青年出版社，2007.

[31] 道格拉斯・麦格雷戈. 企业的人事[M]. 杜建芳，译. 北京：北京理工大学出版社，2015.

[32] 马斯洛. 人类动机的理论[M]. 许金声，等译. 北京：中国人民大学出版社，2007.

[33] Victor H. Vroom. Work and Motivation[M]. San Francisco：Jossey-Bass，1994.

[34] 约翰・P. 科特. 领导变革[M]. 徐中，译. 北京：机械工业出版社，2014.

[35] J. 斯图尔特・布莱克，哈尔・B. 格雷格森. 变革始于个人[M]. 王霆，译. 北京：中国人民大学出版社，2011.

[36] William Bridges. Managing Transitions，2nd [M]. Boston：Da Capo Press，2003.

[37] 费德里克・阿恩. 灵感[M]. 张恒毅，译. 北京：机械工业出版社，2006.

[38] 杰夫・戴尔，赫尔・葛瑞格森，克莱顿・克里斯坦森. 创新者的基因[M]. 曾佳宁，译. 北京：中信出版社，2013.

[39] 彼得・德鲁克. 创新与企业家精神[M]. 蔡文燕，译. 北京：机械工业出

版社，2007.

[40] 斯科特·安东尼. 创新者的转机[M]. 胡建桥，译. 北京：中信出版社，2010.

[41] 克莱顿·克里斯坦森，迈克尔·雷纳. 创新者的解答[M]. 李瑜偲，林伟，郑欢，译. 北京：中信出版社，2010.

[42] 爱德华·德·博诺. 水平思考法[M]. 冯杨，译. 太原：山西人民出版社，2008.

[43] W. 钱·金，勒妮·莫博涅. 蓝海战略[M]. 吉宓，译. 北京：商务印书馆，2005.